Mein Feueropal und andere Geschichten

Sarah Warner Brooks

Writat

Diese Ausgabe erschien im Jahr 2024

ISBN: 9789359949598

Herausgegeben von
Writat
E-Mail: info@writat.com

Inhalt

VORWORT.

In der Hoffnung, das Interesse des Lesers an der dringend notwendigen altruistischen Frage unserer Zeit – „Wie können wir unsere *verurteilten* Mitsünder am besten behandeln?" – zu wecken, bieten wir ihm diese einfachen Geschichten (die das Ergebnis persönlicher Beobachtungen „hinter Gittern" sind und sich zu fast gleichen Teilen aus Fakten und Fiktion zusammensetzen) zur nachsichtigen Lektüre an.

Hochachtungsvoll,

SWB

West Medford, 31. Januar 1896.

MEIN FEUEROPAL.

**„Nun , dann kannst du alles nach deiner Art machen, Isabel",
kleinlaut** ein, „aber eigentlich solltest du dich hier nicht allein lassen. Hättest
du es nicht schaffen können, für ein oder zwei Tage Besuch einzuladen –
Tante Maria zum Beispiel, oder Alice Barnes, oder Emma und das Baby?"

„Gesellschaft!", spottete ich, „das ist doch *typisch* Mannsache! Ich habe vor,
der armen, überarbeiteten Cicely ein oder zwei Tage frei zu geben, während
ihr alle weg seid und die Hausarbeit auf ein Minimum beschränkt bleibt, und
du schlägst sofort *Gesellschaft vor*! – was natürlich regelmäßige Mahlzeiten und
zusätzliche Zimmerarbeit impliziert.

„Nein, danke, Sir, keine *Gesellschaft* für *mich* ", sagte ich und stand vom
Frühstückstisch auf, um meinem Mann eine spöttische Höflichkeit
zuzuwerfen. „Und wirklich", drängte ich, „Sie werden Ihren eigenen Urlaub
nicht aufgeben, nur weil Ihre Frau Angst vor Einbrechern und Popanzeln
hat, während Sie in Rufweite Nachbarn haben, die so dicht wie Brombeeren
sind, und ein stämmiger Polizist an unserem Vorderzaun döst, während er
seine Runde verpennt!"

Alkibiades seufzte und faltete seine Serviette. Ich spürte, dass er noch immer
nicht überzeugt war. Trotzdem stieg er die Treppe hinauf, packte seine
Sachen und verabschiedete sich hastig von mir, um die nächste Pferdebahn
zu erwischen. „*Au revoir!* " rief ich, „im Wind seines Gehens", „und im Falle
von Einbrechern –

> „Lebe wohl! Und wenn für immer,
> dann –"

er war bereits verschwunden, und ich schloss die Tür und nahm mein
unvollendetes Frühstück wieder auf. Als Cicely hereinkam, um den Tisch
abzuräumen, erfreute ich sie mit meiner vollen Zustimmung zu ihrem kleinen
Urlaub. Erleichtert stürzte sie sich energisch in die Samstagsreinigung, und
nachdem sie mein Sonntagsessen, Corned Beef, vorbereitet hatte, konnte sie
um zwei Uhr nachmittags zu „meiner Cousine in South Boston" aufbrechen
.

Als sie mit einem strahlenden Lächeln, ziegelrotem Gesicht und einem
riesigen Bündel Zeitungen hinaushuschte, schloss ich die Tür hinter ihr ab
und war plötzlich „Monarchin über alles, was ich überblickte".

dem auch sei , ich muss gestehen, dass mir das herrschaftliche Bewusstsein der absoluten Herrschaft über dieses Miniaturreich – mein eigenes Domizil – große Befriedigung verschaffte.

In der Tat war die Aussicht, mein Aufstehen und Schlafengehen sowie meine Essenszeiten ganz nach meinem eigenen Belieben zu regeln, völlig unbeeinflusst von der alltäglichen Notwendigkeit, den Wünschen und Ansprüchen meiner Mitmenschen nachzukommen und sie zu respektieren, eine wahre Freude.

Ein langer, gesetzloser Nachmittag mit all seinen angenehmen Möglichkeiten lag verlockend vor mir. Sofort ließ ich mich mit Buch und Arbeit auf der schattigen Piazza nieder. Angenehm weit von der Straße entfernt, aber dennoch so nah, dass ich wie die Lady of Shallot „unter dem Dach ihres Laubengangs" einen Blick auf die vorbeiziehenden Sehenswürdigkeiten auf der —— Street erhaschen, den fernen Gipfel des „Corey Hill" erkennen und ab und zu zwischen den windgepeitschten Bäumen einen blauen Schimmer des „Whispering Charles" erhaschen konnte.

Ganz in der Nähe war mein eigenes hübsches Blumenbeet, das aber vor kurzem (durch die vereinten Anstrengungen der gesamten Simpleton-Familie) aus einem trostlosen Gewirr von Tomatenranken, Buschbohnen und Vogelmiere herausgeholt und mit Treibhausschönheiten bepflanzt worden war, die jetzt, da der Sommer vorbei war und jede Nacht früher Frost erwartet wurde, verlockend üppig blühten. Die Septemberabende hatten bereits begonnen, frostig hereinzubrechen. Gegen sechs Uhr war es auf der Piazza ungemütlich geworden, und ich begab mich ins Haus. Sein uneingeschränkter Besitz erschien mir zu dieser düsteren Stunde ein wenig weniger wünschenswert als im hellen Sonnenschein des Mittags.

Nachdem ich die Außentüren sorgfältig verschlossen und das spärliche Silber der Familie in den Lumpensack auf dem Dachboden verfrachtet hatte, schien eine allgemeine Inspektion der Fensterverschlüsse das Nächstbeste zu sein. „Lass mich", sagte ich mir, „am Anfang beginnen." Gemäß dieser ausgezeichneten Maxime stieg ich sofort in den Keller hinab. Kaum hatte ich diesen dunklen Teil meines Reiches betreten, als irgendein Lebewesen, das wie verrückt zwischen meinen Füßen hin und her raste, mich fast umgehauen hätte. Ich unterdrückte einen kindlichen Angstschrei. Ich erkannte die Katze. Ich mag keine Katzen, daher wird *unsere* , wenn sie nicht gerade ihre Spaziergänge im Freien unternimmt, streng in den Keller verbannt, wo es nach ihren besten Bemühungen immer genug Mäuse gibt. Ich fand die Kellerfenster nicht nur ohne Verschlüsse, sondern teilweise ohne Glas. Ich gab die Idee auf, *diesen* schlampigen Zugang zu meiner Festung zu sichern, und zog mich hastig zurück, währenddessen eine Muschi auf den Fersen und mein Kleid mit unangenehmer Vertraulichkeit abbürstend.

Die Tür zur Kellertreppe hatte außer dem Schloss noch einen kräftigen Riegel. Ich verschloss sie sorgfältig mit beiden, und als die Dämmerung hereinbrach, zerschlug ich mit aller Kraft die Haspen der Fensterverschlüsse im ersten und zweiten Stock, die pflichtgemäß ihre patentierten Einstellungen beibehalten hatten, und machte mich mit Hammer und Nägeln daran, den Rest zu verriegeln. Inzwischen war es Nacht geworden. Meine eigenen Schritte klangen unheimlich, als ich von Zimmer zu Zimmer ging, und meine Hammerschläge, mit denen ich einen Nagel nach dem anderen einschlug, ließen meine erschrockenen Nerven blank liegen. In den schattigen Ecken der düsteren Räume schienen unheimliche Gestalten zu lauern. Imaginäre Schritte hallten unheimlich in den Zimmern darüber wider. Die Katze, die beleidigend schnurrte und mir immer noch auf den Fersen war, trug unschuldig zur allgemeinen Unbehaglichkeit bei. Ohne Rücksicht auf die vierteljährliche Rechnung (in diesem dringenden Moment) drehte ich an jeder Düse einen großzügigen Gasstrom auf, bis ein herrlicher Lichtschein das gesamte Erdgeschoss von Irving Cottage überflutete. Beruhigt durch diese unbekümmerte Erleuchtung machte ich mich an die Zubereitung des Abendessens. Da das Feuer in der Küche erloschen war, war es eine streng informelle Mahlzeit, die lediglich aus Sardinen, Crackern und Lithiumwasser bestand.

Während des Abendessens räumte ich mit nervöser Eile meinen Tisch ab, stopfte die Katze voll (die wegen des ungewohnten Mangels an Gesellschaft in der Küche übernachten durfte), warf einen letzten Blick auf das helle Untergeschoss, drehte das Gas ab und suchte mit dem Streichholz in der Hand (und mit einer Direktheit, die für „Lots Frau" die Rettung gewesen wäre) mein Schlafzimmer auf.

Ich zündete mein Gas an, schloss die Tür ab, schaute unter das Bett, durchsuchte gründlich die Schränke und setzte mich gefasst und beruhigt an die Fertigstellung von Blacks letztem Roman. Bald darauf war ich, vertieft in das Schicksal des armen, liebesverrückten „Mac Leod of Dare", meiner eigenen trostlosen Lage völlig hilflos aus dem Weg gegangen. Einmal rief mich das Klingeln der Seitentürklingel in die Wirklichkeit zurück, aber da ich beschlossen hatte, an *diesem* Abend niemandem zu öffnen, drehte ich diskret das Gas herunter, spähte hinter meinem Fensterrollo hervor, vergewisserte mich, dass es der Expressbote war, und ließ ihn dann kühl klingeln. Er musste seine notorisch geringe Geduld mehr als erschöpft haben, als ich ihn davonfahren hörte, während er seine Pferde schrecklich beschimpfte und sie die Auffahrt hinuntertrieb. In diesem Zusammenhang sei erwähnt, dass Cicely etwa fünf Tage später, als sie den Fensterladen ihrer Speisekammer öffnete, um die Fliegen hinauszutreiben, ein blutbeflecktes, braunes Papierpaket entdeckte, das zwischen Fenster und Jalousie hineingeschoben und fest eingeklemmt war. Bei näherer Untersuchung stellte sich heraus, dass es die verendenden Körper dreier unglücklicher Jungvögel enthielt, die Alkibiades in einem rücksichtslosen Übermaß ehelicher Zärtlichkeit (als schmackhafte Ergänzung zu meinem Sonntagsessen) auf dem Weg zum Bahnhof gekauft hatte.

Als dieser rührende Beweis der nachsichtigen Fürsorge meines guten Mannes ans Licht kam, muss ich beschämt gestehen, dass ich mein Herz verhärtete und mich auf boshafte Weise selbst verhöhnte: „Diese *Idiotin* ! Sich einzubilden, eine vernünftige Frau würde sich über einem Kohlenofen verbrennen, während sie für ihre eigene Gesundheit Jungtauben grillt, während sie Corned Beef, Sardinen und köstliche Oliven zur Hand hat!"

Doch um von diesem Exkurs zurückzukommen – der zornige Expressbote war weit weg –, segelte ich gelassen weiter bis Mitternacht und zum letzten erschütternden Kapitel meines Romans. Dann badete ich meine angestrengten Augen, reduzierte mein Licht auf ein winziges Flackern und schlich mich müde ins Bett.

Nachdem ich eine ganze Stunde damit verbracht hatte, meine Nerven zu beruhigen und die natürlichen Ursachen der „Geräusche der Nacht", die mir nacheinander die Haare zu Berge stehen ließen, zu verstehen, schlief ich ein.

Als ich aufwachte, stand die Sonne schon hoch am Himmel. Es war ein herrlicher Septembermorgen. Mit amüsiertem Staunen erinnerte ich mich an die grundlosen Sorgen der letzten ereignislosen Nacht, badete und zog mich in bester Stimmung an und machte mich an die Zubereitung des Frühstücks.

Der gestern in einem Ätna aufgewärmte Kaffee war weniger schmackhaft, als ich es mir vorgestellt hatte, und ich widerstand mühelos dem Genuss einer zweiten Tasse und beendete meine wenig verlockende Mahlzeit mit wenig Genuss.

Das Läuten der Kirchenglocken überraschte mich bei meiner Morgenarbeit. Es war Sonntag. Aber ich durfte keinen Augenblick daran denken, in die Kirche zu gehen!

In C——— waren dreiste Raubüberfälle am helllichten Tag an der Tagesordnung, und in meiner Abwesenheit wurde unser unbewachtes Domizil zu einer leichten Beute für Plünderer. Die Außentüren, drei an der Zahl, waren sicher verschlossen, und ich gratulierte mir besonders zur absoluten Sicherheit der Glastür, die von unserem Wohnzimmer auf die Piazza hinausging, denn sie war nicht nur fest verschlossen, sondern besaß auch ein wunderbares Schnappschloss, das beim Schließen von selbst zuschnappte.

Als der Morgen vorüber war, war ich des Lesens müde, schrieb einige Briefe und machte mich dann an meinen Schreibtisch. Unter meiner angesammelten Korrespondenz fand ich ein halbes Dutzend steif formulierter Briefe. Sie waren von Häftlingen des Staatsgefängnisses von Massachusetts verfasst worden. Um das entscheidende Ereignis meiner Geschichte zu verdeutlichen, möchte ich sagen, dass dieser Hilfseinsatz für die Sträflinge seit langem ein wesentlicher Bestandteil meines Lebenswerks war.

Untereinander nannten sie mich gern „Freund des Gefangenen", und wenn sie entlassen wurden und obdachlos waren, kamen sie oft zu mir, um Rat oder Hilfe bei der Beschaffung einer Anstellung zu erhalten, die diesen verarmten Wesen natürlich nur widerwillig gegeben wird, da meine Freunde sie selbst als *Besucher* als anstößig betrachteten. Montags machte ich meinen wöchentlichen Besuch im Gefängniskrankenhaus. Ich brachte den Patienten Obst und Blumen und las ihnen vor, wobei ich, so gut ich konnte, ein Minimum an Tadel und Rat einstreute.

Das erneute Lesen, Sortieren und Versenden dieser seltsamen Korrespondenz brachte mich zur Essenszeit. Ein nicht besonders reichhaltiges Frühstück hatte meinen Appetit auf diese wichtige Mahlzeit angeregt, und ich beschloss, den Küchenherd anzuheizen. Nachdem mir dieses Kunststück gelungen war – mit dem absurden Aufwand an Zeit, Kraft und Geduld, der dem Amateur eigen ist – bereitete ich mühsam ein Omelett, ein Gericht Lyonnaise-Kartoffeln und eine dampfende Kanne Tee zu.

Erhitzt und müde eilte ich durch die Salons, öffnete die Eingangstür, um einen Hauch frischer Luft zu schnuppern, bevor ich mein Abendessen auf den Teller legte, und trat, angezogen vom angenehmen Duft des Heliotrops, lässig in den Sonnenschein hinaus. Als ich vorbeiging, peitschte der „süße Westwind" zur Eingangstür. Sie schloss sich mit einem bösartigen Knall hinter mir. Der viel bewunderte patentierte Verschluss hatte seine tödliche Arbeit, aber nur zu gut, getan! Ich stand teuflisch festgeschnallt vor meinem eigenen Haus! Als ich wieder zu Atem kam und die verzweifelte Situation in mich aufnahm, blickte ich reumütig zum hinteren Erkerfenster meines Nachbarn. Miss Pettingrew, meine nächste Nachbarin, war eine ältere Jungfrau und merkwürdigerweise „ganz in Ordnung". Nominell (wie auf ihrem blau-goldenen Schild angegeben) war sie Schneiderin, aber da sie zu ihrem regulären Beruf die Aufsicht über unsere Nachbarschaft hinzufügte, wurden die Ausgänge und Eingänge der Einfaltspinsel von ihrem schrecklichen Auge besonders gefesselt.

Unsere Nachbarschaft war sozial nicht angenehm. Wir waren nur deshalb nach C—— gekommen, um unseren Sohn in Harvard studieren zu lassen, und da wir sonst in dieser Stadt keine anderen Interessen hatten, waren wir einfach Niemande aus dem Nirgendwo und kamen daher als Bekannte nicht in Frage.

Irving Cottage – so genannt aufgrund seiner angeblichen Ähnlichkeit mit dem von Washington Irving – lockte uns mit einem außergewöhnlichen Angebot an Vorgärten und einer moderaten Miete. Irving Cottage war ein Doppelmietshaus, dessen Nordseite nun leer stand. Seine Westfront beherrschte die Straße, seine Südseite eine ununterbrochene Reihe von Hintergärten. Im Norden wurde es von einem hohen Lagergebäude überragt, und auf der Rückseite stand ein verwittertes altes Kolonialhaus, einst ein aristokratischer Wohnsitz, dem nun aber schlechte Zeiten zuteil wurden und das zu einer heruntergekommenen Studentenpension geworden war. Ein niedriger Lattenzaun trennte unser Hinterhaus von dem der Eigentümerin Mrs. MacNebbins. Und nun möchte ich von dieser beiläufigen Information zu meinem verlassenen Selbst zurückkehren, das trübsinnig meine „hermetisch abgeriegelte" Behausung betrachtet.

Ja, Miss Pettingrew war wie üblich auf ihrem Posten. Ich musste auf mein Verhalten achten und lässig von der Piazza treten, als wäre es mir völlig freigestellt, im Hof zu sein. Ich ging ein oder zwei Mal die Auffahrt auf und ab und ruhte mich einen Moment unter den stattlichen alten Weiden aus, die unser Grundstück schmückten. Ich zog einen Blumenstrauß aus dem Blumengarten, suchte auf der Rasenfläche nach vierblättrigem Klee – während ich verstohlen meine Fensterverschlüsse untersuchte und innerlich betete, dass sich mir ein unbewachter Zugangspunkt zu Irving Cottage offenbaren möge.

Vergeblich! Ich hatte meine verhängnisvolle Arbeit zu gut erledigt! Nicht der kleinste Spalt war freigelegt. Das Cottage erfreute sich einer terrassenförmigen Front. So lagen die unteren hinteren Fenster mindestens fünf Fuß über dem Niveau des Vorgartens. Eine mögliche Erhöhung der Piazza-Stühle würde sie beherrschen. Ich könnte mit einem Stein eine passende Scheibe zerstören und so an einen patentierten Verschluss gelangen und ihn manipulieren; aber da war immer noch Miss Pettingrew! Wie hätte ich in mein eigenes Haus einbrechen und es betreten können, am helllichten Tag und an einem Sonntag, direkt unter ihrem erstaunten Blick? Schweren Herzens (und in Gedanken nach der freundlichen Erlaubnis dieser Dame verlangend) suchte ich Schutz unter dem freundlichen Geißblatt, das unsere Piazza umschloss. Hungrig, entmutigt und verlassen trieb ich die langsamen Stunden dahin, bis die nach Westen sinkende Sonne und die Kälte des nahenden Abends mich warnten, dass die Nacht nahte.

Zum Glück hatte ich mir auf dem Weg nach draußen einen leichten Schal umgeworfen. Zitternd wickelte ich ihn fest um mich und dann – durch eine glückliche Fügung inspiriert – fiel mir ein Zufluchtsort ein – nämlich der Holzschuppen neben unserer Küche! Er war zwar nicht besonders stabil, aber immerhin wärmer als eine offene Piazza.

Die nun sorgfältig verriegelte Innentür führte in die Küche. Der äußere Eingang war jedoch nur leicht durch einen Haken gesichert, der von außen mit einem dünnen Stock leicht zu bedienen war. Ich hatte das Gefühl, dass man sich unauffällig Zutritt verschaffen könnte. Ich wartete ungeduldig auf den günstigen Moment, in dem Miss Pettingrew zur Teezeit ihren Beobachtungsposten verlassen würde, und stürmte auf den Rasen hinaus, und – immer noch auf der Suche nach vierblättrigem Klee – gelang es mir, die Rückseite meines Hauses zu erreichen. Meine Frevlerin verschwand gerade rechtzeitig! Da ich bereits mit dem nötigen Stock ausgestattet war, war es nur eine Sache von Sekunden, ihn in den Spalt der locker sitzenden Tür zu stecken, den Haken hochzuheben und vorsichtig hineinzutreten. Gott sei Dank war ich wenigstens unter einem Dach! Bescheiden, in der Tat, aber immerhin eine Verbesserung gegenüber einem offenen Himmel oder sogar einer mit Weinreben bewachsenen Piazza! Und Miss Pettingrew musste nie erfahren, dass ich zu Schaden gekommen war. Zum Glück trug ich meine Uhr. Es war ein kleiner Trost, den Ablauf dieser unfreundlichen Stunden zu beobachten. Es war jetzt Viertel nach vier. Ich war verzweifelt hungrig geworden. Meine Gedanken wanderten quälend zu dem ungekosteten Abendessen im Inneren. Lange vorher musste sich mein Tee in reines Tannin aufgelöst haben! Mein Omelett und meine Lyonnaise mussten zu bloßen Pommes frites geworden sein; und die Katze hatte sich zweifellos heimlich an meinem kostbaren Corned Beef vergriffen. Nun, es war nicht alles verloren! Eine volle Stunde lag noch zwischen mir und dem Sonnenuntergang. Könnte ich angesichts dieser Zeit nicht einen Ausweg aus meinem Dilemma finden?

Das Kolonialhaus der MacNebbins grenzte direkt an unser Grundstück. Und unser Holzschuppen grenzte wiederum an einen großen Rasen, der jetzt zu einem offenen Grundstück mit Blick auf die B-Straße verkommen war. Da diese Gebäudewand keine Fenster hatte, diente ein Astloch, das unsere Jungen großzügig vergrößert hatten, hervorragend als Aussichtspunkt. Durch diese ungünstig hoch gelegene Öffnung beobachtete ich (auf Zehenspitzen) die sorglose Menge, die in Sonntagskleidung die B-Straße auf und ab schlenderte. Diese gesunde, aber zahme Abwechslung war mir zu langweilig. Mein erschöpfter Appetit verlangte nach aufregenderer Nahrung.

Mrs. MacNebbins – armer, überarbeiteter Körper mit ihrem eigenen Temperament –, die allein ein halbes Dutzend Kinder und einen arbeitsscheuen Säufer von Ehemann versorgte, war manchmal verzweifelt. Bei solchen Gelegenheiten war es ihr recht, mit dem Besen in der Hand ihre schlechtere Hälfte aus dem Haus zu jagen, während die Dienstmädchen in der Zwischenzeit aus ihren Küchenfenstern Beifall ernteten. Meine eigenen Jungs hatten (trotz meines Verbots) dieser ehelichen Zurschaustellung leider oft hörbar Beifall gezollt. Ich fand, eine so pikante Szene würde gut zur

Situation passen, und ich muss erröten, wenn ich gestehe, dass ich meine Aufmerksamkeit nun der Hintertür der MacNebbins zuwandte, in der vulgären Hoffnung auf eine sofortige eheliche Auseinandersetzung. Vergeblich! Mr. MacNebbins saß gelassen auf seiner Hintertür und rauchte, während seine energischere Hälfte in der Küche herumflitzte und sich darauf konzentrierte, das Abendessen der Schüler aufzutischen. Ab und zu drang ein verlockender Geruch des Bratens aus den offenen Fenstern. Mittlerweile war ich schändlich ausgehungert; und als der Koch nach dem Abendessen der MacNebbins herauskam, um die Reste in das widerwärtige Abflussfass neben unserem hinteren Zaun zu kippen, muss ich errötend gestehen, dass ich mit Sehnsucht auf die Reste dieses (für *mich* Barmecide-)Festmahls blickte. Halbierte Kartoffeln, Puddingscheiben und pikante Fleischstücke lagen verlockend auf dem übervollen Fass. Ich seufzte. Es war wie „Verhungern inmitten des Überflusses".

Einen wilden Augenblick lang dachte ich daran, im Morgenmantel und mit einem Schal über dem Kopf auf die offene Straße zu rennen und jemanden anzuflehen, in mein Haus einzubrechen und mir etwas zu essen zu geben.

Aber nein! Die Selbstachtung verbot mir ein so verrücktes Vorgehen. Und außerdem, sollte ich nicht auf diese Weise die Tatsache bekannt machen, dass ich allein im Haus war und dem Plünderer ausgeliefert? Die Nacht würde bald den Versuch vereiteln, den ich mir halb entschlossen hatte, am hinteren Fenster zu unternehmen, und der möglicherweise mit einer Niederlage, Glassplittern und Wundstarrkrampf enden würde. Es regnete jetzt. Der Ostwind heulte traurig um den Schuppen. Trotzdem musste ich mich damit begnügen, dort zu übernachten. Zu diesem Zweck prüfte ich sorgfältig die Möglichkeiten des Ortes. Auf einem einfachen Regal neben dem Holzstapel fand ich eine klebrige Petroleumlampe, voll mit übelriechendem Öl. Daneben stand eine Blechdose mit drei Streichhölzern. In einer Ecke stand ein Fass mit sauberen Hobelspänen und unter der Waschbank ein Korb mit schmutziger Wäsche.

Ich hatte die Späne bald in Form einer Couch entsorgt. Zwei Laken, die nur eine einzige Nacht im Gästezimmer benutzt worden waren und verhältnismäßig unbeschmutzt waren, dienten als leichte Decke. An einem hohen Haken hing ein rostiger Mantel, der meinem guten Alkibiades bei Angelausflügen wiederholt gedient hatte. Er hatte einen ständigen „alten und fischartigen Geruch" verströmt und war, in Anbetracht meiner verletzten Nase, in den Schuppen verbannt worden. Ach! Ich hatte jetzt nicht mehr den „stolzen Bauch", der „Mr. Fs Tante" auszeichnete; und als ich mich in dieses unappetitliche Kleidungsstück kleidete, dankte ich dem Himmel für einen noch so unwürdigen Schutz vor dem durchdringenden Ostwind, der jetzt durch jede Ritze und jedes Astloch in mein mittelmäßig gebautes Schlafzimmer eindrang.

Ich ließ mich trübsinnig auf dieses rohe Sofa fallen und versuchte, meine Glieder für den Schlaf zu beruhigen. Unzählige Dichter haben „den Regen auf dem Dach" begeistert gepriesen. Ich selbst hatte einmal einem hartherzigen Zeitschriftenredakteur einige „Zeilen" zu genau diesem Thema angeboten; doch heute, zitternd, ausgehungert und kaum behaust – weiß der Himmel, war das gleichmäßige Prasseln dieses erbarmungslosen Sturms über meinem verlassenen Kopf nichts, wenn nicht gar prosaisch! Ich erinnerte mich auch daran, dass mein einziger Türverschluss ein kleiner Haken war, der sich leicht zunichte machen ließ.

Welche Erleichterungen boten sich hier einem herumstreunenden Landstreicher, der auf der Suche nach einem Nachtquartier war! Wenn ich meinen armen Geist für einen Augenblick von den schrecklichen Qualen des Hungers abwenden konnte, dann nur, um ihn auf diese furchtbare Möglichkeit zu konzentrieren. Ja, ich war zweifellos allen Landstreichern in der unmittelbaren Umgebung von C. ausgeliefert! Was würde Alkibiades – was würden meine Jungs (die in Great Brewster kampierten, mit einem *Zirkuszelt* , Bettdecken in Hülle und Fülle und allen der jungen Boheme bekannten Geräten) sagen, wenn sie in dieser Nacht bei ihrem elenden Verwandten vorbeischauen könnten? Aber nein; Alkibiades sollte nie erfahren, wie ich mich – indem ich seinen sicheren Rat ablehnte – der Trostlosigkeit hingegeben hatte. Das Elend dieser Nacht musste für immer in meiner eigenen Brust eingeschlossen bleiben! Natürlich konnte man nicht von mir erwarten, die ganze Nacht über die Augen zu schließen; und als der Morgen kam – wenn ich bis dahin am Leben bliebe – wäre ich vom Hunger zu erschöpft, um aus dem Schuppen zu kriechen, und sollte, sollte, solltest – da, ich schlief fest ein!

Es war kaum eine Stunde vergangen, als ich durch einen leichten Stoß aufgeschreckt wurde, als ob jemand schwer gegen den Rahmen des Schuppens lehnte, in dem ich mein Bett gemacht hatte. Im nächsten Moment war ich hellwach und lauschte mit klopfendem Herzen. Jetzt bedauerte ich zutiefst, meine Lampe brennen gelassen zu haben, und wünschte, ich hätte wenigstens das breite Astloch, das zur Straße hinausging, verschlossen. Das einzige kleine Fenster, das auf unser Grundstück hinausging, hatte ich sorgfältig verdunkelt, aber vergessen, diesen unregelmäßigen Ausblick abzuschirmen. Glücklicherweise war mein improvisiertes Bett von außen nicht davon verdeckt.

Direkt darunter konnte ich nun Schritte hören. Offenbar führte jemand draußen eine Untersuchung durch. Ich schaffte es, aufzustehen und wartete auf das gefürchtete Ereignis.

Es gab ein unbeholfenes Gerangel, ein dumpfes Geräusch auf dem nassen Boden innerhalb des Zauns, und dann kamen schwere Schritte, die sich offensichtlich meinem Zufluchtsort näherten. Die Tür wurde versucht, heftig geschüttelt und einen Spalt weit geöffnet; und da wusste ich, dass jemand den Haken mit einem Stock bearbeitete; dass er sich Zutritt verschaffte, so wie ich es selbst getan hatte, aber nur wenige Stunden zuvor! Ich taumelte schwach zum Holzstapel. Ich musste mich gut dagegen stemmen, so gelähmt war ich vor Angst. Ich spürte, wie meine Glieder nachgaben; in den kurzen Augenblicken, die folgten, bevor der Haken nachgab, schien ein Zeitalter des Schreckens zu vergehen.

Die Tür flog mit einem Knall auf! Und dann – dann schwankte der ganze Schuppen, wurde dunkel, verschwand; und ich wusste nichts mehr!

Als ich wieder zu Bewusstsein kam, lag ich auf meiner Rasiercouch. Ein Stapel schmutziger Kleidung stützte meinen Kopf; mein Gesicht und mein Haar waren nass vom Wasser, das offenbar ohne Unterlass von einem Holzspieß, der in der Nähe stand, über mich geschüttet worden war. Ich erinnerte mich, dass ich ihn unter ein großes Leck im Dach des Holzschuppens gestellt hatte, bevor ich mich zum Schlafen hinlegte.

Neben mir stand ein großer, bärtiger Mann, der in seiner linken Hand eine rauchende Petroleumlampe hielt und mit seiner Rechten immer noch großzügig Wasser aus dem Schweinefutter auf mich spritzte, während er mir besorgt ins Gesicht sah. Als meine zerstreuten Sinne sich wieder sammelten, erkannte ich, dass sein Verhalten friedlich – sogar freundlich – war. Ich fand sein Gesicht mit seinen markanten Zügen, seinem entschlossenen Ausdruck und dem freundlichen Lächeln, das seine gesunden, weißen Zähne enthüllte, keineswegs schlecht. Als ich versuchte aufzustehen, sagte er respektvoll: „Bitte, legen Sie sich ein wenig hin, Madam; Sie werden gleich wieder gesund sein. Sie sind ohnmächtig geworden; und auf mein Wort, ich hätte mich niederschlagen können, weil ich Ihnen so einen Schrecken eingejagt habe. Es war noch verdammt viel schlimmer", fügte er hinzu, „als ich herausfand, dass Sie ‚der Freund des Gefangenen' waren."

„Vielleicht kennen *Sie* mein Gesicht jetzt nicht mehr, Madam, aber Ihres kenne ich seit jeher, seit Sie mir diese Frucht mit dem Nelkenstrauß und der Liebe eines alten Mannes brachten, als ich im Gefängniskrankenhaus lag."

Nein, ich konnte mich nicht an das Gesicht des Mannes erinnern, aber ich erinnere mich gut, dass mir eine solche Person durch den Direktor eine dankbare Bestätigung meiner kleinen Freundlichkeit in Form einer Schachtel aus Rosenholz geschickt hatte, die mit Perlmutt eingelegt und mit granatrotem Samt (seine eigene feine Arbeit) ausgekleidet war und ein Papier mit der Inschrift enthielt:

„Adam Beale, an ‚The Prisoner's Friend', mit den besten Wünschen."

Wie ich mich erinnerte, hatte mir der Direktor damals erzählt, dass Adam eine fünfjährige Haftstrafe wegen Scheckfälschung verbüßte. Nun, wie ein Springteufel war Adam persönlich aufgetaucht.

Jetzt war *ich* an der Reihe, „Schande und Verwirrung auf mich zu nehmen" – ich fand mich in einem Schuppen versteckt, allein und um Mitternacht! Dem Mann, einem ehemaligen Sträfling, der allein mit mir an diesem verlassenen Ort war, die Erklärung zu geben, die die Situation verlangte, hätte mich zweifellos seiner Gnade ausgeliefert, doch als ich erkannte, dass es keinen anderen Ausweg gab, legte ich sofort reinen Tisch. Nachdem ich meine Leidensgeschichte gut erzählt hatte, brachte mich der Humor der ganzen Angelegenheit zusammen mit Adams Ausdruck des blanken Erstaunens so aus der Fassung, dass ich mit einem hysterischen Gelächter endete, bei dem, wie ich an dem Zucken seiner sichtbaren Muskeln erkennen konnte, nur gute Manieren meinen Zuhörer davon abhielten, mitzumachen.

Mein Sträfling verschob den Bericht über seine eigenen Erlebnisse klugerweise auf ruhigere Augenblicke und machte sich auf meine Bitte hin sofort an die Arbeit des Einbruchs.

Der Sturm hatte nachgelassen. Es war jetzt Mitternacht und Miss Pettingrew hatte vermutlich ihren Dienst beendet. Mit leeren Fässern und Kisten, die im Schuppen gefunden wurden, gelangte man bald auf die Höhe eines Seitenfensters, und Adam zertrümmerte eine Glasscheibe und öffnete geschickt einen patentierten Verschluss. Es dauerte nur einen Augenblick, bis er eintrat und die Seitentür aufschloss, damit ich, etwas niedergeschlagen, eintreten konnte.

Und es dauerte auch nicht lange, bis mein Befreier ein gewaltiges Feuer im Küchenherd entfacht hatte. In Hemdsärmeln bereitete er, während sein triefender Mantel auf einem Wäscheständer vorbeidampfte, eine Kanne Kaffee zu, während ich den Tisch für das Abendessen deckte.

Es versteht sich von selbst, dass ich mich auf dieses Essen nicht sonderlich gefreut habe, und der Hunger meines Gastes war, wie man sich denken kann, beinahe so groß wie meiner. Die Katze hatte sich zuvorkommend mit Omelett und Lyonnaise-Kartoffeln verspeist, mein Corned Beef war noch intakt, und mit ein paar kleinen Zusätzen und der besten Soße – dem Hunger – war unser Essen köstlich.

Nun, dachte ich, als ich meinem hungrigen Gast ein zweites Stück Biskuitkuchen und eine dritte Tasse Kaffee reichte – die Wahrheit ist zweifellos seltsamer als die Fiktion! Hätte man Alkibiades (lieber Mann!) erzählen können, dass ich mich durch Missachtung seines freundlichen Ratschlags in eine so seltsame Lage gebracht hätte, um Mitternacht mit einem Ex-Sträfling zu Abend zu essen, hätte er es geglaubt? Und was mein benommenes Ich anging, so hätte ich mir mit dieser historischen alten Frau im verkürzten „Unterrock" das entschiedene „Bellen" meines eigenen „kleinen Hundes" als Bestätigung dafür wünschen können, dass „ich ich war ".

Nachdem unser Hunger gestillt war, erzählte mir Adam, wie es dazu gekommen war, dass er sich in jener stürmischen Nacht auf dem Weg nach Boston befand, mittellos und obdachlos. Seine Strafe sei, sagte er, vor drei Wochen abgelaufen; und mit seinem „Freiheitsanzug" und der vorgeschriebenen Abfindung von fünf Dollar von der Prison Aid Society sowie ihrem seit jeher bestehenden Angebot einer Fahrkarte in den Westen sei er ordnungsgemäß entlassen worden. Da er vorhatte, sich in seiner Heimatstadt New York wieder niederzulassen, hatte er eine Auswanderung nach Idaho abgelehnt, aber da es ihm nach fünf Jahren Gefangenschaft, schlechter Luft und schlechter Ernährung etwas schlechter ging, hatte er beschlossen, eine Zeit lang in der Bergluft zu rekrutieren, bevor er seine Heimatstadt aufsuchte.

Mit der staatlichen Zuwendung und fast vierzig Dollar seiner eigenen Gefängniseinnahmen in der Tasche hatte sich Adam auf einen bescheidenen Spaziergang begeben. Da er sich unterwegs eine schwere Erkältung zugezogen hatte, war er gezwungen gewesen, ganze vierzehn Tage in einem Landgasthof zu übernachten; und durch die Verpflegungsrechnung, das Arzthonorar und die Medikamentenkosten war seine schmale Tasche bald geleert. Nachdem er sich von seiner Krankheit erholt und durch die heilende Bergluft gestärkt hatte, war er völlig mittellos und war auf seinem Heimweg bisher auf Almosen für Nahrung und Obdach angewiesen. Als er durch die B-Straße ging, um eine Übernachtungsmöglichkeit im Polizeirevier zu erbitten, hatte er durch das große Astloch des Schuppens mein Licht erspäht, und als er den Schuppen näher untersuchte, fand er ihn anscheinend unbewohnt; er war müde und nass, und es schien ihm ratsam, die nächstbeste Möglichkeit einer Unterkunft anzunehmen; und dementsprechend hatte er beschlossen, den Versuch zu unternehmen, in dieses beleuchtete Nebengebäude einzudringen – wobei er, wie er sagte, nicht damit rechnete, an einem so rauen Ort eine Dame zu finden, deren Person für jeden Mann im Gefängnis heilig war.

Und nun, um es kurz zu machen, war Adams Erzählung zu Ende, wir trockneten seine Kleider, wuschen unser Abendessensgeschirr, „räumten" die Küche auf und dachten dann über Mittel und Wege nach. Bevor er der Versuchung erlag, war Adam Beale Immobilienmakler gewesen, und obwohl er bis dahin kein besonders erfolgreicher war, wollte er sich, wenn möglich, wieder im alten Geschäft etablieren. Er dachte, dies könnte im Trubel einer Großstadt gelingen, wo man seine Identität leicht verschleiern oder sogar verlieren kann, und – und – und dann – ich kann es auch gleich gestehen –

endete alles damit, dass ich meinen Diamantring abstreifte (einen Schatz meiner Kindheit und das einzige wertvolle Schmuckstück in meinem Besitz) und Adam nach langem Überreden dazu brachte, ihn als Darlehen anzunehmen und durch Verpfändung eine Summe zu erzielen, die ihn wieder auf die Beine bringen würde. „Aber, meine Güte!", ruft der kluge Leser aus, „war das nicht ein höchst unsicheres Unterfangen?" Ja, das nehme ich an; aber die meisten Unternehmungen *sind* mehr oder weniger *unsicher*. Und was ist schon ein einzelner Diamant oder ein ganzer Haufen Diamanten im Vergleich zu der Möglichkeit, einen Menschen wieder auf den sicheren Pfad der Tugend zu führen und eine Seele zu retten?

Nachdem diese riskante Transaktion abgeschlossen war, zog sich Adam freiwillig zurück, um den Rest dieser seltsamen Nacht im Holzschuppen zu verbringen. Ich gab ihm ein Kissen und ein paar warme Decken, und die Katze leistete ihm höflich Gesellschaft, zweifellos froh, ihrer langweiligen Gefangenschaft in der Küche zu entkommen.

Da mein Sträfling im Morgengrauen aufbrechen würde, verabschiedete er sich über Nacht. Wieder in meinem eigenen sicheren Zimmer, gesegnet mit einem normalen Bett, Nackenrolle und Kissen, ruhte ich mich von der Erschöpfung und Aufregung der letzten zehn Stunden aus und kam nach einigem Nachdenken zu dem Schluss, dass mein Missgeschick das Beste war. Obwohl ich Adam gegenüber nicht geradezu misstrauisch war, erinnerte ich mich doch daran, dass ich, wie das Sprichwort sagt, nicht „den Winter und Sommer mit ihm verbracht" hatte. Man kann mir daher das unbehagliche Bewusstsein verzeihen, dass meine Sachen (ganz zu schweigen von mir selbst) weniger sicher waren, als wenn sie in der United States Bank untergebracht gewesen wären; denn hatte mein neuer Freund nicht vor zwei Stunden jene Leichtigkeit beim Einbrechen und Eindringen bewiesen, die Sträflingen und Landstreichern zugeschrieben wird? Nach ein oder zwei Stunden unruhigen Schlafs war es eine unendliche Erleichterung, das „laute Geschrei" eines frühen Hahns zu hören, gefolgt von einem hörbaren Rühren im Holzschuppen und schweren Schritten im Hof. Ich sprang aus meinem Bett und beobachtete Adams große Gestalt, wie sie gleichmäßig die Auffahrt hinunterging. Weit vor unserem Tor ging er direkt die Straße hinunter und verschwand bald aus meinem Blickfeld. Danach schlief ich den gesegneten Schlaf der Müden und Zufriedenen, allerdings erst, nachdem ich die Vorsichtsmaßnahme ergriffen hatte, das verräterische Kissen und die Bettdecke, die Adam vorbehalten waren, aus dem Schuppen zu holen.

Die Sonne stand schon vier Stunden hoch, als Cicelys Rückkehr mich weckte. Ich kletterte hinunter, um sie hereinzulassen, und saß bald darauf beim späten Frühstück, das sie zügig für mich zubereitet hatte. Während ich genüsslich bei meinem Kaffee verweilte, trat dieser geschätzte Hibernianer plötzlich mit erhobenen Händen und zu Berge stehenden Haaren ein, um mir mitzuteilen, dass „ein übler Landstreicher, das sei angemerkt, die Nacht in unserem Holzschuppen geschlafen hatte. Und Gott schütze uns, mich“, fuhr das aufgeregte Geschöpf fort, „mit dir selbst wie einem unschuldigen Baby in die Knie gezwungen, und dem Herrn und den jungen Männern weggeführt, und ich selbst mich zu meinem Cousin gebracht habe! Gott sei Dank, dass du nicht ganz getötet wurdest! Komm, wenn es dir recht ist, mich, noch in derselben Minute heraus und sieh mit deinen Augen, wo das Geschöpf geschlafen hat.“ Ich bedauerte, dass ich gedankenlos greifbare Beweise für Adams Besuch hinterlassen hatte und folgte Cicely kleinlaut in den Schuppen.

„Hast du festgestellt, dass der Haken an der Tür offen war, Cicely?“, fragte ich, mir bewusst, dass ich *etwas* sagen musste.

„Es war ausgehakt, oder?“, antwortete sie, „es war eingewickelt und dünn! Und weit offen! Heilige Maria! Aber du bist nur knapp davongekommen!“

„Cicely“, sagte ich entschieden, „lege diese Späne zurück in die Tonne. Sie werden so gut brennen wie immer, und die Laken werden unbeschadet aus der Wäsche kommen. Und was diesen fischigen Mantel betrifft, wenn Dennis kommt, um die Asche abzuholen, kannst du ihn ihm genauso gut geben. Er ist noch etwas abgenutzt. Und im Großen und Ganzen, Cicely, solltest du Herrn Dummkopf und den jungen Herren besser nichts von der Landstreicherei erzählen. Es würde sie nur erschrecken, und das wäre sinnlos, da nun alles vorbei und vorbei ist.“

An jenem Nachmittag, während meines Besuchs im Staatsgefängnis, erzählte ich dem Direktor so viel von dem oben genannten Abenteuer, wie es mit meiner Transaktion mit Adam Beale zusammenhing. Ich erfuhr, dass er wie vorgesehen entlassen worden war und seine Absicht erklärt hatte, während seines Aufenthalts auf dem Lande Soldaten anzuwerben, bevor er nach Hause nach New York zurückkehrte. „Aber was Ihren Diamantring betrifft, meine liebe Dame“, sagte der scharfsinnige Beamte, „so seien Sie sich darüber im Klaren, dass Sie sich für immer davon getrennt haben; denn so wie *ich* den Sträfling kenne, könnte nicht einer von hundert der Versuchung widerstehen, ihn zu behalten.“

„Gut“, sagte ich resigniert, „dann lassen Sie es gut sein. Das Leben ist voller Missgeschicke und ich habe schon viele Katastrophen überlebt, die weitaus schlimmer waren als der Verlust eines Diamanten.“

Als meine kleine Familie wieder vereint war, war es Alkibiades, der als Erster das fortwährende Fehlen meines Diamantrings an meinem linken Mittelfinger bemerkte und kommentierte.

„Oh, mein Ring?", sagte ich leichthin. „Nun, ich lasse ihn nur für eine Weile weg. Man möchte nicht ewig mit Diamanten behangen sein, wie eine fette *deutsche* Jüdin."

Da Alkibiades, der von allen Sterblichen am wenigsten neugierig war, sich so leicht abwimmeln ließ, fand ich mich mit dem Verlust meines Rings ab, überzeugt, dass er schlimmstenfalls (wie „Mantalini" es ausgedrückt hätte) nicht ganz „in den Untergang gestürzt" war.

Mehr als sechs Monate waren vergangen, als mir der Expressbote eines Tages ein kleines Paket überreichte, das in schöner, klarer Handschrift adressiert und mit „wertvoll – *mit Sorgfalt*" gekennzeichnet war.

Glücklicherweise war ich allein und konnte das Paket ohne Fragen empfangen. Es war, wie ich vermutet hatte, mein Ring. Ich war froh, ihn zu erhalten, aber noch glücklicher war ich, dass ich, ohne die Hilfe der Laterne eines *Diogenes*, einen *ehrlichen* Mann gefunden hatte!

Und jetzt könnte meine Geschichte eigentlich enden. Das tut sie jedoch nicht, denn ich muss noch erzählen, wie ich, die Frau eines Postbeamten, die nur ein mittelmäßiges Gehalt bezieht, in den Besitz eines so kostbaren Schmuckstücks wie eines mexikanischen Feueropals kam, der prächtig mit Diamanten allererster Güte besetzt war.

Zehn Jahre waren seit dem Abenteuer vergangen, das dazu führte, dass ich Adam Beale meinen Ring lieh. Unser Junge hatte Harvard mit Ehren durchlaufen. Wir zitterten nicht mehr vor Miss Pettingrews „schrecklichem Nicken". Wir hatten C—— für immer verlassen. Meine Gesundheit erlaubte es mir nicht mehr, im Krankenhaus zu arbeiten, und ich besuchte das Gefängnis nicht mehr. Wir standen am Vorabend unserer Silberhochzeit, und eines Abends, als wir in Roxbury um unseren Kamin herumsaßen und fröhlich über das Ereignis sprachen, das mit einer kleinen Gesellschaft gefeiert werden sollte, klingelte es an der Tür und unser Expressbote kam herein.

Er holte tief Luft und legte ein kleines, sorgfältig versiegeltes Paket auf den Flurtisch. Es war, wie er sagte, „schon auf dem Weg gewesen, denn soweit er es herausfinden konnte, war es in New York abgegangen und durchbezahlt an C. Dann kam es zurück ins Büro in Boston, und nachdem *sie eine Zeit lang dort* gewesen waren, um die gesuchten Leute ausfindig zu machen, bekam er selbst Wind davon, und hier ist es nun", schloss er triumphierend, „endlich gelandet."

Wie an mich gerichtet, schrieb ich meinen Namen in sein fettiges Buch, Alkibiades bezahlte die aufgelaufene Expressgebühr und der Mann verließ uns sofort.

Wir waren ein wenig neugierig auf dieses weitgereiste Paket – zweifellos ein einfaches Geschenk zur Silberhochzeit. Aber „das Staunen wurde noch größer", als ein prächtiger Feueropalring mit herrlicher Diamantfassung aus seinem Nest aus rosafarbener Baumwolle hervorblitzte, wie ein verdichteter Regenbogen, umkreist von Sonnenstrahlen.

Im Paket befand sich eine Notiz, die an den „Freund des Gefangenen" gerichtet war. Sie lautete:

> „ Liebe Frau, ich bin jetzt ein reicher Mann. Ihre Freundlichkeit wird uns immer in Erinnerung bleiben, und ich möchte Sie um Ihr Gebet für meinen zukünftigen Wohlstand in diesem Leben und eine angenehme Begegnung mit Ihnen im nächsten Leben bitten.
>
> „Bitte nehmen Sie den beigefügten Ring an, mit den wärmsten Wünschen für Gesundheit, Wohlstand und Glück für Sie und die Ihren. Ich verbleibe mit großem Respekt,
>
> „Dein gehorsamer Diener,
>
> Adam Beale."

In dieser Nacht vertraute ich meiner Familie aus vollem Herzen die Geschichte jenes seltsamen Mitternachtsabenteuers an, dessen rührende Fortsetzung dieses kostbare Geschenk war. Der liebe Alkibiades (zu seiner ewigen Ehre sei dies festgehalten) quälte meine Seele bei dieser Gelegenheit nicht mit einem einzigen „Ich habe es euch ja gesagt!". Am Abend meiner Silberhochzeit trug ich Adams Ring. Meine Freunde erfuhren, dass ich beschlossen hatte, den Namen des Spenders dieses herrlichen Opals niemals preiszugeben; doch jetzt, da ich eine alte Frau bin, habe ich in der Hoffnung, dass es anderen, die versuchen, die schwere menschliche Last der Sünde und das daraus resultierende Elend zu erleichtern, eine kleine Ermutigung bieten könnte, dass es nicht unklug oder unfein wäre, das lange gehütete Geheimnis meines Feueropals zu enthüllen.

DIE GESCHICHTE VON JOHN GRAVESEND

J. OHN GRAVESEND weder ein Kobold noch ein Elf oder eine Fee war, ist es nur logisch anzunehmen, dass er einen sterblichen Vater hatte, obwohl er, John, von diesem Vater nicht die geringste Vorstellung hatte.

Der arme kleine Jack! Er war, was die Menschen (unter Missbrauch des heiligsten aller Worte) ein „Kind der Liebe" nannten.

Sein Vater war eindeutig nur eine Schlussfolgerung und seine Mutter kaum mehr als eine Erinnerung.

Er erinnerte sich vage an das Gesicht einer Frau mit traurigen Augen, an deren Knie er gesagt hatte: „Jetzt lege ich mich", während sein schläfriger kleiner Kopf halb in den weichen Falten ihres seidenen Kleides vergraben war. Er erinnerte sich an dasselbe süße Gesicht, nur blasser und stiller und eiskalter. Damals betete er nicht . Er glaubte, er habe geweint. Wie dem auch sei, Jack weinte damals viel. Er weinte, weil ihm kalt war, er hungrig, müde oder geschlagen; und später begann er, um eines unbestimmten Gutes zu weinen – um etwas, das ihm weder Wärme, Nahrung noch Ruhe bieten konnten. Dieses vage Gefühl der Ungesättigtheit war dem verlassenen Jungen zum ersten Mal aufgegangen, als er eines Tages wie eine halb verhungerte Ratte in Long Wharf herumschlich und einen anderen Jungen in einer Samtjacke und mit schönem maisfarbenem Haar sah, der in den Armen einer schönen Dame lag, aber gerade von einem neu angekommenen Dampfer gelandet war. Von dieser Stunde an verfolgte ihn in seinen liebeskranken Tagen eine namenlose Sehnsucht nach dem undefinierten Etwas, das der andere Junge von der sanften Dame bekommen hatte.

Manchmal musste er tatsächlich deswegen weinen. Dafür – und für alles andere Weinen – schämte sich Jack, ein männlicher kleiner Kerl, so sehr, dass er (um seine eigenen Worte zu verwenden) „schwor, es seinen Leuten nie zu verraten". Jacks „Leute" waren – ein angeblicher Onkel, von Beruf Schiffbauer. Ein Wesen mit einem ständig roten Gesicht, das morgens mürrisch und abends böse ist, an Wochentagen chronisch trübsinnig und sonntags immer munter; denn dann war es das Vorrecht des Schiffbauers, sich prächtig zu betrinken!

Während dieser Sabbatfeiern zerstreute sich der Mann (der keine eigenen Kinder hatte, die er misshandeln konnte) oft damit, seinen zerlumpten kleinen Neffen zu quälen; der sich, mehr oder weniger geschlagen, geschickt aus seiner Umklammerung wand und, seinen vertrauten Aufenthaltsort, den Kai, aufsuchend, dort den anstrengenden Tag verbrachte. Jacks andere „Familie" war die Frau des oben genannten Onkels; ein armes, eingeschüchtertes Geschöpf mit verhärmtem, blassem Gesicht und blassem, karottenfarbenem Haar. Wenn der Junge an einem Sonntag nicht sofort zur Stelle war, wurde die Tante an seiner Stelle geschlagen. Sie lief nicht weg, dieser arme, mutlose Sündenbock, sondern erklomm müde eine leiterartige Treppe und suchte Zuflucht auf dem Dachboden. Später, als ihr Herr von einem betrunkenen Schlaf umhüllt wurde, erschien sie wieder auf der Bildfläche, mit zusammengepressten Lippen und einem so weißen und gespenstischen Gesicht, dass der kleine Jack sich vage an das *andere*, noch immer weiße Gesicht erinnerte, unruhig ins Sonnenlicht hinauskroch und versuchte, es zu vergessen.

Eines Tages, als der Schiffbauer seine Frau schrecklich geschlagen hatte und Blut auf ihrem sauberen Sonntagskleid war, begab sie sich nicht wie üblich in diese „Stadt der Zuflucht", den Dachboden, sondern sank mit leisem Stöhnen auf den Boden. Jacks Onkel stürzte sich dann auf *ihn*, und das Kind huschte so schnell zum Kai, wie es seine zitternden kleinen Beine trugen. Nachdem er eine ganze Menge Steine ins Wasser hatte hüpfen lassen, so viele Wolken und Schiffe vorbeisegeln sehen und gesehen hatte, wie das purpurrote Wasser die aufgeblähte, feurige Sonne verschluckte, bekam der kleine Jack Hunger und dachte, es sei höchste Zeit, nach Hause zu seinen Leuten zu gehen. Verlorenes kleines Waisenkind! Seine *Leute*, so unbefriedigend sie auch waren, waren nicht länger verfügbar.

Er fand die Wohnung des Schiffbauers voller aufgeregter Männer und Frauen. Auf dem Bett lag ein stiller, weißer Haufen. Das Kind glaubte, es könnte die verkniffene Tante sein, die ihn so lange teilweise gefüttert und gekleidet hatte, und drängte sich vor, kroch leise zum Bett und berührte mit seiner schmutzigen kleinen Hand das stille, weiße Gesicht.

Pfui! *So kalt waren seine* Leute noch nie!

Von diesem eisigen Grauen abgestoßen, schlich sich das Kind leise davon, kauerte sich schüchtern in eine entfernte Ecke des überfüllten Raumes und beobachtete das Ganze.

An diesem Sonntagabend herrschte im Haus von Jacks Eltern ein großer Tumult; und Jacks Onkel, der mit leerem Blick auf eine gaffende Menge von Männern, Jungen und struppigen Frauen starrte und von zwei tapferen Würdenträgern des Gesetzes gestützt wurde, wurde schließlich völlig aus seinem kindlichen Blickfeld entfernt. Danach räumte ein anderer Herr in bunten Hemden kurzerhand das Haus und schloss die Tür ab, mit dem Kind auf der falschen Seite; und unbeachtet, hungrig, obdachlos und verlassen schlich der Junge lautlos davon. Und das ist alles, woran sich Jack von seinen Leuten erinnert. Das nächste Bild in seiner Erinnerung ist das einer Schiffskabine und eines dicken Stewards in einer weißen Schürze, der, wie er sich gut erinnert, geschäftig die Niedergangstreppe auf und ab ging, dampfende Speisen holte und leere Teller und schmutzige Gläser wegtrug, in denen oft im Grunde etwas Starkes und Angenehmes war. Er mochte es – dieses feine, feurige Zeug! – und als ganze Löffel in den Gläsern übrig geblieben waren und er sie alle hatte leeren dürfen, war er so fröhlich wie nur möglich und ging zur Schlafenszeit glücklich wie ein König in seine kleine Koje. Aber als der Steward ihn zur Essenszeit in seiner Eile aus dem Weg warf und ihn „verdammten kleinen Mistkerl" nannte, den er (wie ein weichherziger Landstreicher) in die Argo geschmuggelt hatte, *um* ihn vor dem Armenhaus zu retten, floh Jack niedergeschlagen in seine Koje, um allein zu weinen.

Ja, er erinnerte sich gut daran, wie vor langer Zeit – sehr lange, wie es Jack in seiner kindlichen Zeitrechnung schien – dieser grausame Hunger an seinem armen, ausgelaugten kleinen Magen genagt hatte, als die Tür seiner Eltern fest verschlossen war und er jämmerlich am Kai herumstreunte; und wie der gute Verwalter ihn damals gefunden und gefüttert hatte. Von diesem Tag an hatte er sich wie ein dankbarer Spaniel an seinen Retter geklammert – seine Vorsehung – und, immer noch an seinen Fersen, war er hier auf der großen *Argo* und segelte weiter und weiter, zweifellos bis ans Ende der Welt.

Ja, das wusste er alles, und er wollte dankbar und gut sein, aber war er wirklich ein „verdammter Vollidiot"? Da sein Vater, wie bereits erwähnt, nur eine Schlussfolgerung war, schloss Jack im Großen und Ganzen, dass er einer sein *könnte* .

Als der alte Steward (dessen Biss keineswegs so furchterregend war wie sein Bellen) seinen „Hurry-Skurry" überwunden hatte, ihm sein Abendessen gegeben und ihn spielerisch wie einen kleinen, dicken Ball, wie er war, an die Decke geworfen hatte, um ihn dazu zu bringen, zu seinem eigenen und dem Zeitvertreib der Mannschaft allerlei Affenstreiche zu spielen, und ihn dabei „einen drolligen Rasierer" statt dieses anderen anstößigen Namens nannte, vergaß er für den Moment seine kindischen Klagen und war verhältnismäßig zufrieden.

Er mochte den groben Steward, der ihn abwechselnd trat und streichelte und der ihn auf seine eigene armselige Art offenbar liebte. Doch alles in allem waren dies für das liebevolle, sensible Kind nur unbequeme Jahre; und die schönen, feurigen Getränke aus den Kabinengläsern waren im Großen und Ganzen das Erfreulichste an Jack Gravesends früherer Erfahrung als Schiffsjunge.

Im Laufe der Jahre wurde der Junge, der abwechselnd lästig und ein Haustier war, zu einem geschickten Helfer seines gereizten alten Gönners und gewann, als er erwachsen wurde, nicht nur die Gunst der Mannschaft *der Argo* , sondern auch die Gunst ihres Kapitäns. Als der dicke Steward in einem

Schlaganfallanfall in aller Eile zu Davy Jones' Spind ging, wurde Jack in seine Koje befördert.

Ohio aufgestiegen , als William Ferguson, ein so hübscher blauäugiger Junge, wie man ihn auf einer Kreuzfahrt um die Welt nur finden kann, als Fockmaat auf diesem neuen Schiff anheuerte. Damals lernte unser Held zum ersten Mal jenes höchste Gut kennen, nach dem er sich sein ganzes einsames Leben lang instinktiv gesehnt hatte – die wahre Liebe einer menschlichen Seele.

Will Ferguson, ein zarter Junge von achtzehn Jahren, der weder von Geburt noch von Erziehung her für das Leben als Seemann geeignet war, war der einzige Sohn seiner Mutter, und sie war Witwe. Er litt an hartnäckigem Husten und war schwindsüchtig, und der Arzt versicherte Madame Ferguson, dass eine lange Seereise, wenn sie sich nur darauf einlassen könnte, genau das Richtige für den Jungen wäre.

"Die *Ohio* ", fuhr er fort, "liegt jetzt im Hafen, und noch nie ist ein besseres Schiff gesegelt." Ihr Kapitän war vertrauenswürdig, und ihr zweiter Maat kannte er persönlich. Erst letztes Jahr hatte er den Burschen im Chelsea Hospital durch einen Typhusanfall getragen, und wenn sie, wie er sagte, sich dazu überwinden konnte, würde er bei diesem Offizier, Gravesend – John Gravesend – ein gutes Wort für Will einlegen, der ohne Zweifel während der ganzen Reise ein freundliches Auge auf ihren Jungen haben würde.

Madame Ferguson dachte *tatsächlich* daran, obwohl der Abschied so war, als sei ihr das Herz aus ihrer warmen, lebendigen Seite gerissen worden. Und so kam es, dass Will Ferguson aus dem sehnsüchtigen Blickfeld seiner Mutter auf dem guten Schiff *Ohio segelte* , das speziell der Obhut von John Gravesend anvertraut worden war, und er war ein Junge, der so seekrank und heimwehkrank war wie kein anderer, der Salzwasser gerochen hatte.

John Gravesend hatte, wie gezeigt wurde, keine „Leute". Einmal, in seinem liebeskranken Leben, hatte er eine weiße Angorakatze in sein verhungerndes Herz geschlossen. Dieses Geschöpf, das von katzenhafter Schönheit beseelt war, hatte sich als höchst unbefriedigend erwiesen und war, da es einer ganzen Schiffsbesatzung zuwider geworden war, schließlich von einem zornigen Koch getötet worden. Auf diesen unfreundlichen Schützling war eine Familie von sieben weißen Mäusen gefolgt . Diese winzigen Kannibalen hatten auch die Hoffnungen ihres Gönners enttäuscht, denn eine allgemeine Haussucht hatte schließlich in dem einst so bevölkerten Käfig nur einen einzigen Bewohner hinterlassen. Der Überlebende, der schließlich so hip wurde wie der „letzte Mann" des Dichters, fiel statt der Mäuse der Melancholie zum Opfer. Nach den oben genannten erfolglosen Bemühungen verzichtete John Gravesend auf Haustiere; aber hier war nun dieser arme Neuling, Ferguson, ein vielversprechender Junge, und seiner zärtlichsten Fürsorge anvertraut. *Ihn zu lieben,* wäre „der Mühe wert". Und als während ihrer ersten Woche auf See, in jener wilden, windigen Nacht, während Jack unten Wache hielt, der Junge, fiebrig und seekrank war, seine unbeholfen zärtliche Matrosin mit seiner eigenen liebevollen Mutter verwechselte und seine jungen Arme um den stämmigen Hals des Wächters schlang und ihn anflehte, ihn nie, nie zu vergessen, schwor Jack insgeheim, dass er das nie tun würde. Leider *tat er das nie*, denn das war sein bitteres Schicksal, Will Ferguson nie, *nie* zu vergessen! Diese Krankheit war lange vorüber, der Junge erholte sich stetig und konnte bald wieder an Deck sein und seinen Dienst tun. Es waren schöne Tage für John Gravesend und noch schönere Nächte; denn jetzt, da der Junge sich die Wache an Deck teilte, konnten die beiden Nacht für Nacht dem Seemannslied am Kiel der *Ohio lauschen*, das Mondlicht beobachten, das die Meereskämme versilberte, oder in jener anderen Tiefe über ihnen die herrlichen Sternbilder beobachten, die klar und weit glitzerten; Jack spann unterdessen für Will bezaubernde Seemannsgarne, die den schlichten Charme des alltäglichen Wissens ausstrahlten, das die Frucht der Erfahrung ist, während Will (der ein belesener Junge war) dem ungebildeten Seemann wiederum das andere Wissen vermitteln konnte, das die Frucht des Studiums ist. Und so geschah es, dass, bevor die *Ohio* ein Drittel ihrer langen Reise zurückgelegt hatte, dieser Mann und dieser Junge sich Herz an Herz verbanden, durch ein doppeltes Band der Liebe, rein und leidenschaftslos, aber „über die Liebe einer Frau hinaus".

Für Gravesend waren dies in der Tat eine gnadenvolle Zeit. Kein Verlangen mehr nach menschlicher Zärtlichkeit, weniger Durst nach jenem verführerischen Gift, das seine unbewachten Sinne in den alten Tagen des Schiffsjungen gelockt hatte, als der geschäftige Steward ihm unklugerweise erlaubt hatte, die Schnapsgläser zu leeren. Der so in dem Kind geweckte verderbliche Geschmack war leider mit seinem Wachstum gewachsen und hatte manchmal sogar den starken Mann überwältigt. In Samsons Macht gab es, wie uns erzählt wird, nur einen einzigen Fehler; doch *dort* fand Delilah ihn schwach wie den Schwächsten. So war es mit unserem Seemann, und daher gab es in unregelmäßigen Abständen entschieden schwarze Tage im sonst sauberen Leben von John Gravesend.

Die *Ohio*, die nach China fuhr, ging rechtzeitig in Kanton vor Anker. Jack und Will hatten die Erlaubnis erhalten, gemeinsam an Land zu gehen. Und dort ergriff John Gravesends Dämon Besitz von ihm. Während des ganzen langen Nachmittags des betrunkenen Treibens verließ Will (zutiefst erstaunt und bestürzt) dieses rasende Geschöpf kein einziges Mal. Und als Jack seinen verrückten Dreck hinter sich gelassen hatte und mühsam zum Schiff zurückgelotst worden war, konnte er sich schließlich dazu überreden lassen, in seine Koje zu gehen, wo er sicher, aber tierisch und gefühllos lag. Der Junge warf sich müde auf den Boden der Kajüte und weinte lange und schluchzend – wie das Kind, das er war – das aufrichtige, liebevolle Kind, dessen Glaube an eine menschliche Seele grob erschüttert und erschüttert worden war. Am nächsten Tag war Jack wieder er selbst. Ein wenig trübsinnig und mit schweren Augen, aber immer noch derselbe alte, freundliche und nüchterne Kerl. In dieser Nacht während ihrer Wache sprachen die Freunde über alles. Jack hatte kein klares Bewusstsein für die wilden Taten des Vortags. Nachdem er mehr getrunken hatte, als er wollte oder sollte, hatte er geglaubt, die Menge hätte ihn überfallen, und mit schwindelndem Kopf stürzte er sich kopfüber auf die *Menge* und wusste nichts mehr, bis er am nächsten Morgen in seiner eigenen gemütlichen Koje aufwachte, während Will noch müde auf dem harten Boden schlief. Und jetzt, mit Fergusons Hand in seiner eigenen warmen Umarmung, schwor Gravesend, das unreine Ding nie mehr zu berühren, zu schmecken oder anzufassen; und während dieser ganzen gefährlichen vierzehn Tage im Hafen brach er sein Gelübde kein einziges Mal.

Wieder ging die *Ohio* vor Anker. Es war im Hafen von Boston und es war ein Maifeiertag. Will Ferguson und John Gravesend gingen zusammen an Land. Der Monat war dieses Jahr lächelnd hereingebrochen und das junge Boston war nach Herzenslust in Musselin und Grünzeug paradiert. Auf dem Gemeindeland wehte noch ein Hauch der Maifeierlichkeiten. Ein milder Südwind wehte zwischen den frisch belaubten Bäumen – ein köstlich murmelnder Wind, der Veilchen, Narzissen und endlose bevorstehende Frühlingsfreuden vorhersagte.

In solchen bezaubernden, aber auch entnervenden Nächten pulsiert das wilde Blut der Jugend heiß durch beschleunigte Pulse, und für eine Stunde genügt es, in der süßen, sinnlichen Gegenwart zu leben; die Seele sehnt sich nach keinem höheren Gut. Will Ferguson hatte bis dahin keinen Geschmack an diesem rücksichtslosen jugendlichen Vorgehen entwickelt, das entschuldigend als „das Säen wilder Hafer" bezeichnet wurde.

Eine lange Seereise und die damit verbundenen sozialen Einschränkungen hatten jedoch in dem Jungen ein echtes jugendliches Verlangen nach Spaß und Ausgelassenheit geweckt, und angesichts der Hexerei dieser Mainacht, der Ankunft im Hafen, des verzückten Gedankens an Zuhause, Mutter und der freudigen Begrüßung durch die hübsche Kate Benson morgen in Springfield war er, wie er lachend behauptete, „voller Freude und für jeden Spaß zu haben". In der Blütezeit der Stunde hatte er jenen schwarzen Tag in Canton noch nicht ganz vergessen und hatte sich innerlich vorgenommen, „fest durchzuhalten, wann immer er witterte, dass Jack etwas Böses zu tun hatte".

Während sie gemächlich die North Street entlangschlenderten, wurden die beiden plötzlich durch den fröhlichen Klang einer Geige zum Stehen gebracht. „Eine Geige und ein Walzer!" Das brachte Wills fröhliche Schritte in Bewegung, und während er jungenhaft über den Bürgersteig schlurfte, kam eine lächelnde Gestalt aus der Tür eines gewissen Gebäudes, über dessen Eingang die muntere Aufschrift „Tanzhaus" stand, und bat sie mit einem „Hallo, meine Lieben!": „Kommt doch mal herein und seht euch den Spaß an."

Jack Gravesend war sich durchaus bewusst, dass in einem Tanzlokal „der Spaß" fragwürdiger Natur ist. Dort ist „der Weg zur Hölle, hinab in die Kammern des Todes", und da er ein Mann mit reinem Herzen war, hatte er keine laszive Affinität zu einem Tanzlokal; aber hier war Will eifrig neugierig. Er mochte es, dem Jungen nachzugeben, und (die Wahrheit muss gesagt werden) er selbst war in dieser Mainacht moralisch etwas unvorbereitet. So kam es, dass die beiden, angelockt von der fröhlichen Musik und den herzlichen Aufforderungen des Türstehers, die Schwelle dieses bösen Ortes überschritten. Bacchus, das sei bekannt (nicht weniger als Venus und Terpsichore), leitet die Festlichkeiten des Tanzhauses, und Will Ferguson, der des „Spaßes", der ihm überhaupt nicht gefiel, bald überdrüssig wurde, stellte zu seinem Entsetzen fest, dass Jack Gravesend dem Zauber des „lustigen Gottes" nur schwach erlag. Da er ihn nicht von dem Ort weglocken konnte, blieb er dort und beklagte sich innerlich über seine eigene neugierige Torheit; doch er war entschlossen, Jack, was auch immer kommen mochte, aus der Patsche zu holen. Es lag nicht in John Gravesends Natur, Dinge nur halbherzig zu tun. Was immer er tat, tat er mit ganzem Herzen und voller Kraft; und da er sich entschlossen hatte zu trinken, *trank er*, bis – ach, nun! Die tierischen Orgien einer Circeischen Herde sind unbeschreiblich, obwohl sie allabendlich in den Tanzhäusern unserer eigenen Metropole aufgeführt werden.

Es war heller Tag. Jack Gravesend erwachte. Er rieb sich die Augen und sah sich neugierig um. Wo war er? Seltsam! Er konnte sich nicht *hier umgedreht haben*. Er stand auf und schüttelte sich hellwach. Zwei schurkisch aussehende Männer, die aus zwei benachbarten Betten aufgestanden waren, taten dasselbe. „Hallo, Schiffskameraden!", sagte Jack, der nun wieder auf den Beinen war. „Hilf mir und sag mir, wo ich bin."

Die beiden Einbrecher - denn das waren sie - waren über die wesentlichen Einzelheiten seiner Verhaftung bestens informiert, warfen sich wissende Blicke zu und grinsten mit einer finsteren Bedeutung, die Jack besonders aufregte, und Einbrecher Nummer eins bemerkte zu seinem Komplizen: „Meine Güte, Bill, der *ist* aber ein Grünschnabel! Will wissen, *wo er ist*! Kapierst du es, Bill? Aber, mein lieber Gott, du bist ja ganz sicher im Gefängnis."

„Im *Gefängnis*!", sagte Jack. „Und wie zum Teufel *bin* ich hierhergekommen?"

„ Natürlich hergebracht", antwortete sein Informant, „das ist doch keine Straße, die die Leute normalerweise auf eigene Faust bereisen, was, Bill?" Bill stimmte mit einem überschwänglichen Augenzwinkern zu und Jack stellte eine dritte Frage: „Und warum zum Teufel bin ich *hier ?* "

" *Hierher ?*", antwortete der geschwätzige Rüpel. "Verdammte Scheiße, mein Junge! Habe mich letzte Nacht betrunken und einen Mann *getötet !*"

„ Einen Mann getötet!" stöhnte Jack, seine Augen weiteten sich und ihm lief vor plötzlichem Entsetzen eine Gänsehaut über den Rücken. „Einen *Mann getötet* ! Mein Gott! Was wird Will Ferguson sagen?"

„Ferguson? Bill – Bill Ferguson", brummte der andere Einbrecher. „Mein Gott, Tom! Er will wissen, was Bill Ferguson sagen wird! *Ich glaube* , sehr *wenig* . Er hat gerade *seine* Meinung gesagt! Aber, Opa, Bill Ferguson ist der dümmste Kerl, den du umgebracht hast!"

Officer L. erinnerte sich noch lange an einen Schrei, der an jenem Maimorgen das Echo des Gefängnisses weckte. Es könnte der Schrei eines gehetzten Wesens gewesen sein, der in Bedrängnis geraten war, der Aufschrei eines Sterblichen in grimmiger Not, das verzweifelte Wehklagen einer in der Hölle gequälten Seele.

Er drehte den Schlüssel im Schloss von Nummer 17 um und betrat hastig die Wohnung. Auf dem Boden lag mit dem Gesicht nach unten ein Mann.

„Cove hat einen Anfall", erklärte der scherzhafte Tom. „Bill hier, er hat nur von dem Mord erzählt, und dann hat er angefangen zu heulen und ist sofort weggegangen."

Offizier L. war menschlich. Gott sei Dank sind viele dieser bescheidenen Autoritätspositionen mit guten Männern besetzt. Er brachte den dreisten Rüpel zum Schweigen und bat das Paar, den besinnungslosen Körper aufzurichten und ihn auf dem primitiven Feldbett zurechtzurücken. Danach glättete er das zerzauste Haar, wischte den Schaum von den purpurnen Lippen und rieb die großen braunen Hände so hilfsbereit, als wären sie die des kleinen „May", des lieben kranken Lamms seiner eigenen hübschen Herde. Schließlich hörten die krampfhaften Wehen auf und der geschlagene Mann kam wieder zu Bewusstsein.

Wie ein dunkel erinnerter Traum kamen die knappen, grausamen Worte des Einbrechers Gravesends verwirrtem Gehirn wieder in den Sinn. Ein Blick in das freundliche Gesicht des Beamten beruhigte ihn. Er erhob sich schwach, sank auf seine zitternden Knie und betete inbrünstig, alles zu hören. Es ging ihm „wieder gut und er wollte die ganze Wahrheit erfahren. Er könnte das *Allerschlimmste ertragen* und würde ihm dafür danken; wirklich, Sir, das würde er." Das „Allerschlimmste" wurde bald erzählt.

In der Nacht zuvor, erklärte der Beamte, habe es in einem Tanzlokal in der North Street einen Streit unter Betrunkenen gegeben. Der Gefangene sei unglücklicherweise in die Angelegenheit verwickelt gewesen und habe in seinem vorübergehenden Rausch seinen Dolch gegen eine Frau gezogen. Ein junger Mann, der bisher zugesehen und sich nicht an dem Handgemenge beteiligt hatte, *stürzte* sich nun hinein, um die Hand des Angreifers festzuhalten, und wurde selbst von dem mörderischen Stoß getroffen. Die Schläger wurden ordnungsgemäß festgenommen, der junge Mann ins Krankenhaus gebracht, wo er, da sich seine Wunde als tödlich erwies, innerhalb einer halben Stunde verstarb.

Bei seinem Körper wurde ein kleines Tagebuch gefunden. Darin stand:

„Willie Ferguson, von seiner Mutter.
Springfield, 1. Januar 18—."

Will – Fergus-on, Springfield, – 18 – Will – Springfield – von – seiner – Mutter. 18 – Will, Willie, Will. Will Ferguson. Er hatte geschworen, ihn nie zu vergessen. Er hält seinen Eid! Will – Will Ferguson. Da steht es; an den Wänden, an der Decke, oben und unten, immer und immer wieder! Überall, überall der *Name* , der müde, *müde* Name!

Er hat es immer und immer wieder buchstabiert, vorwärts und rückwärts, schnell und langsam, laut und leise, immer und immer wieder, bis ihm der Kopf schwirrt und Funken wie kleine böse Kobolde vor seinen angestrengten Augen tanzen, und jetzt, zwischen seinen Kissen zusammengekauert, versucht er, sich vor diesem schrecklichen, ihn verfolgenden Namen zu verstecken. „Ersticken? Sie wollen ihn ersticken, nicht wahr?" Er springt von seinem Kissen auf und blickt wild und gierig in seinem Zimmer umher. Blut! Überall Blut! Die Bettdecke ist damit besudelt; es rinnt die Wände hinunter; es liegt in geronnenen Pfützen auf dem Boden! Im Fenster sitzt eine Angorakatze, weiß, rot gesprenkelt; sie leckt hungrig aus einem immer randvollen Becken voller Blut! Dort hängt ein Messer. Es ist ein Dolchmesser, hell und neu. Sein Griff ist beschriftet. Mit schmerzenden Augen buchstabiert er: „Jack, aus Will. Canton, 18—." Lass ihn nur dieses Messer erreichen und es ins Meer werfen! Er ist gefesselt. Er wehrt sich, kann sich aber nicht befreien. Und da ist immer noch das Messer, schrecklich vertraut, mit dem *Namen* , der ihn aus seiner schweren Last anstarrt, bis jeder Buchstabe zu einer spöttischen Schlangenzunge wird, die ihm immer wieder ins gequälte Ohr zischt: „Will! Will! Will Ferguson!" Er zittert. Sein Gehirn brennt. Er kann nicht mehr hinsehen oder zuhören. Er kann nur noch kläglich stöhnen: „Gnade! Gnade! Gott sei gnädig!" Sie setzen ihm ein Glas an die Lippen. Er ist furchtbar durstig. Und da ist kein Blut, nur eine unschuldige, safranfarbene Flüssigkeit. Er trinkt es mit gierigen Lippen. Er ist jetzt kühler. Der Raum wird dämmrig. Er kann diesen verfluchten Dolch nicht mehr sehen. Jemand hat den Boden geschrubbt, und sie haben ihn losgebunden.

Ein milder Abendwind, genau das Flüstern des müßigen Landes, das in jener Nacht zwischen den Blättern wehte, als er und Will durch den Boston Common schlenderten, dringt durch das offene Fenster herein. Er wäscht die heiße Luft, er weht ihm auf die fiebrige Stirn, „wie der Segen, der auf das Gebet folgt". Er schläft und ist in seinem Traum wieder bei Will und an Bord der *Ohio* . In der Flaute im Golfstrom, dicht neben dem lieblichen „Land der Blumen", liegt das riesige, müßige Schiff. Es ist Sabbat, und die Matrosen – müßig wie das Schiff – versammeln sich in trägen Gruppen und unterhalten sich nett über Ehefrauen und Liebste (denn sie sind auf dem Heimweg). Will, halb zurückgelehnt auf einer Seilrolle, liest laut aus seinem roten Taschentestament. Er ist zufällig auf diese Passage aus dem Traum des Sehers von Patmos gestoßen: „Und die den Sieg davongetragen hatten ... standen am gläsernen Meer und hatten die Harfen Gottes." Der „Sieg"! Ach! Das ist *schwer* zu erreichen! Wird *er* , John Gravesend, jemals eine Harfe Gottes in der Hand halten? Während er den Text in Gedanken durchgeht und wehmütig weit über die glasklare Tiefe blickt, erhebt sich Will schweigend, geht rasch achtern und sinkt ohne ein Abschiedswort ruhig ins Meer. Er versucht zu folgen. Vergeblich! Seine Glieder werden von bleierner Schwere gehalten. Im Kampf mit diesem Dämon des Schlummers erwacht er schließlich. Er springt auf und durchsucht eifrig das leere, mondbeschienene Zimmer. Er ruft leise: „Will, Will!" Keine Antwort! Er bildet sich ein leises Seufzen unter seinem Fenster ein. Will ist tatsächlich da und wartet im angenehmen Mondlicht auf ihn. Er braucht sich nur sanft auf den Boden fallen zu lassen, um sich zu ihm zu gesellen. Dünne Eisenstangen kreuzen das Fenster; er ist stark; er reißt mannhaft daran. Sie geben nach! Sie werden verschoben, und jetzt sind nur noch dieser armselige Fensterflügel und ein Stück Glas zwischen ihm und Will! Diese werden bald zerstört. Das Fenster ist niedrig, und während er lautlos in den Hof darunter hinabsinkt, ruft er leise: „Will! Will!" Keine Antwort. Seltsam! Gerade noch war er dort! Es ist kühl und still hier draußen unter dem Sommermond, und Will kann nicht weit weg sein – vielleicht hinter dieser Mauer. Er erklimmt sie. „Nicht hier? Nun, er wird noch ein Stück weiterlaufen und ihn einholen." Und er läuft weiter. Immer weiter, durch diese lange Sommernacht. Über taufrisch duftende Gartenbeete, über gepflegte Rasenflächen, deren zartes Gras sich samtig anfühlt für seine nackten, fliehenden Füße. Durch feuchte, weite Wiesen und über niedrige, plätschernde Bäche, bis er schließlich auf der langen, weißen Straße ist. Schnell wie ein Jagdhund auf der fliegenden Fährte, nur innehaltend, um zu lauschen und der achtlosen Nacht heiser zuzuflüstern: „Will! Will! Will!", eilt er weiter. Eine halb bekleidete, gespenstische Gestalt, die atemlos einem Phantom nachjagt. Der Mond geht unter. Die Sterne verblassen in der stillen, süßen Morgendämmerung, als er in der Umgebung eines verworrenen Waldes, bleich und erschöpft, mit Schaum vor den Lippen und Blut, das von seinen zerschundenen Füßen tropft, innehält und schwach in ein duftendes Versteck aus blühendem Unterholz taumelt und auf die Erde fällt. Ein Engel mit breiten und freundlichen Flügeln, der sanfteste von Gottes dienenden Heerscharen, steigt herab, um dieses verlassene Geschöpf zärtlich zu beten – *Schlaf*, Bote des Friedens, Vorbote jener ewigen Ruhe, die irgendwo für alle vom Leben gezeichneten Kinder der Erde bleibt!

Am darauffolgenden Morgen lasen die sensationslüsternen Leser des Boston *Morning Chronicle* mit der ihnen eigenen Genugtuung Folgendes:

GROSSE AUFREGUNG!!!

Ein Mörder täuscht Wahnsinn vor und entkommt!

Die Bürger von Taunton und Umgebung wurden heute Morgen durch die Nachricht über die Flucht eines Patienten aus unserer staatlichen Irrenanstalt aufgeschreckt. Der Mann wurde zur Behandlung aus dem Gefängnis in der Charles Street eingeliefert und sein Name ist John Gravesend.

Unsere Leser werden ihn zweifellos als den verkommenen Schurken in Erinnerung haben, der vor nicht allzu langer Zeit in dieser Stadt wegen Mordes an dem jungen Ferguson verhaftet wurde, einem noch jungen Burschen, den er in eine der Höhlen in der North Street lockte und dort, nachdem er sein Opfer einer großen Geldsumme beraubt hatte, den unglückseligen Jungen abschlachtete. Die Mutter von Ferguson starb, wie wir uns erinnern werden, bald darauf an gebrochenem Herzen. Während er auf die Bestrafung für sein Verbrechen wartete, wurde Gravesend – nachdem er erfolgreich Wahnsinn vorgetäuscht hatte – in die staatliche Irrenanstalt eingewiesen. In der Nacht des 15., als der Wächter der Anstalt um zehn Uhr seine Runde machte, fand er Gravesend, wie er annahm, in tiefem Schlaf. Um zwei war der Schurke verschwunden. Da er ein Mann mit großer Muskelkraft war, hatte er das Gitter seines

Fensters verschoben und war so entkommen. Der Schurke wurde mehrere Meilen lang verfolgt, und wir wurden informiert, dass zwei tüchtige Detektive, unterstützt von Krankenhausangestellten , ihn nun mit voller Kraft verfolgen. Diesem dreisten Schurken werden andere Verbrechen vorgeworfen, und es wird angedeutet, dass er in einen gewissen mysteriösen Mord verwickelt ist, der unsere Gemeinde noch immer mit Schrecken erfüllt. In der Umgebung herrscht große Besorgnis, und wir hoffen, dass der Flüchtige schnell gefasst wird.

Dieses „blutrünstige" Monster wurde am Nachmittag nach seiner Flucht ebenso friedlich schlafend aufgefunden wie die mit Blättern übersäten „Babys im Wald" in dem blumigen Versteck, zu dem wir es bereits verfolgt hatten.

Aus diesem langen tranceartigen Schlaf – der Krise seiner Geisteskrankheit – erwachte John Gravesend mit angespannten, schmerzenden Gliedern und einem vom Delirium noch benebelten Gehirn. Nachdem er in die Anstalt zurückgebracht und wegen seiner Krankheit behandelt worden war, kehrte er allmählich aus dieser labyrinthischen Welt zurück, in der sein Geist mehr als zwei Monate lang müde umhergeirrt war.

Geistig und körperlich in ihrem normalen Zustand, wurde er ins Gefängnis gesteckt und anschließend wegen der vorsätzlichen Zerstörung eines Lebens angeklagt, das ihm mehr bedeutete als sein eigenes. Er bekannte sich schuldig und wurde wegen Totschlags rechtskräftig verurteilt. Er wurde zu lebenslanger Haft im Staatsgefängnis verurteilt. Unbewegt hört er das schreckliche Urteil, das ihn zu lebenslanger Verbannung aus Gottes weiter, schöner Welt verurteilt. Für ihn ist der verhängnisvolle Rubikon bereits überschritten. Er hat die Geliebte getötet. Das Leben hält kein größeres Leid bereit und der Tod hat keinen schrecklicheren Schmerz in petto.

EIN BÜNDEL VEILCHEN.

ist Neilson, er macht seinen Nachmittagsspaziergang", sagte der gutmütige Gefängniswärter und warf einen flüchtigen Blick auf den Gefängnishof durch das vergitterte Fenster neben der Tür zum Wachraum, das er gerade für meinen Abgang öffnen wollte. Neilson! Und im Hof? Endlich musste ich diesem bösen Mann begegnen! Ich war, das sei bekannt, auf dem Weg zum Gefängniskrankenhaus und trug einen Korb Parma-Veilchen zur Verteilung an etwa zwanzig meiner Mitsünder, die jetzt auf harten Betten lagen oder müde auf noch härteren Stühlen in dieser milden Strafabteilung der Anstalt saßen und zweifellos keine angenehmen Schnüffeleien an Parma-Veilchen verdienten. Bei dieser unerwarteten Ankündigung des Gefängniswärters lief mir ein kalter Schauer über den Rücken, denn Neilson galt selbst in Gefängniskreisen als verzweifelter Mann. Er war sowohl Räuber als auch Mörder und verbüßte die letzten fünfzehn Jahre eine lebenslange Einzelhaft in einer der trostlosen Zellen des „Oberen Gefängnisses". Bogen."

Fünf dieser schrecklichen Jahre hatte er in ununterbrochener Einsamkeit verbracht, aber seit der Ankunft des jetzigen humanen Gefängnisdirektors war es Neilson gestattet, täglich eine Stunde im Gefängnishof zu trainieren, einem sonnigen Bereich, der zu den Werkstätten, dem Krankenflügel und indirekt zum „Oberen Bogen" führte. In der Mitte dieses Hofes hatte „der neue Direktor" ein fröhliches Blumenbeet anlegen lassen, und jetzt, im April, erhellten bereits bunte Krokusse seine Ränder.

Kurz vor der Gründung der schönen und hilfreichen Blumenmission unternahm ich es, nicht ohne etwas Entmutigung, hinter Gittern die anmutige Wirkung von Veilchen, Rosen, Nelken und Stiefmütterchen auszuprobieren. Nach meiner *damals* begrenzten Erfahrung war es mir nicht angenehm gewesen, aus dem freundlichen Wachraum ausgesperrt und allein über den Gefängnishof geschickt zu werden; und aus Rücksicht auf meine unbegründeten Ängste wurde ein Offizier abkommandiert, der mich vom Hauptgefängnis zum Krankenflügel begleitete. Im Laufe der Jahre wurde meine gesellschaftliche Beliebtheit im Staatsgefängnis immer größer, und die Sträflinge äußerten sich mir gegenüber etwas erstaunt über diese unnötige Vorsichtsmaßnahme; und ein Gefängnisfreund (ein Straßenräuber) hatte mir sogar versichert, dass „jeder in diesem Gefängnis, der mich auch nur anrührte, von den Männern in Stücke gerissen würde, bevor man Jack Robinson sagen könnte."

Obwohl ich nicht überzeugt war, dass die völlige Vernichtung eines Mitmenschen mich für solche „Schande und Schande" entschädigen würde, die mir im *Handgemenge* zustoßen könnten, beschloss ich aufgrund dieser

Zusicherung, auf eine offizielle Eskorte zum Flügel zu verzichten. Bislang waren meine Besuche so günstig gelegen, dass der gefürchtete „Einzelgänger" nicht ein einziges Mal meinen Weg gekreuzt hatte. Ich blickte besorgt aus dem Fenster und machte einen hastigen Blick auf den Hof. Ein Offizier trat gerade aus der Tür einer entfernten Werkstatt. Zwei oder drei Sträflinge schlurften an verschiedenen Beobachtungspunkten über den Hof. Nun, es war zu spät, die weiße Feder zu zeigen. Der Schließer hatte die Tür bereits aufgeschlossen und stand wartend da. Ich reichte ihm einen winzigen Blumenstrauß (der gute Mann liebte Blumen, und ich ließ dieses hübsche „Bonbon für Cerberus" nie aus); und jetzt umklammerte ich den Henkel meines Blumenkorbs fest, „mit dem Herzen bis zum Hals", und dankte ihm, als er mir die schwere Tür aufhielt, und ging zitternd hinaus.

Mit einem harten Eisenklirren schloss sich die Tür hinter mir. Ich ging eine geräumige Treppe hinunter und fand mich im Gefängnishof wieder, und im selben Moment stand ich vor – ja, es musste dieser schreckliche Kerl sein, Neilson persönlich! Und er war ein finsterer Schurke mit seinen kleinen Frettchenaugen, seinem groben Mund und seinem schweren Kinn. Er schlurfte beim Gehen und starrte mir mit bösem Blick unverfroren ins Gesicht.

„Ein schwieriges Thema", beschloss ich im Geiste; aber „völlige Verderbtheit" gehört nicht zu meinem Glaubensbekenntnis, und ich *glaube* an die Menschheit. In meinem Eifer für seine Reformation hatte ich im Nu alle Furcht vor Neilson abgelegt, ging auf ihn zu und wünschte ihm einen freundlichen guten Tag, in den ich all die Zustimmung einfließen ließ, die ich einem so abschreckenden Geschöpf mit gutem Gewissen geben konnte, und reichte ihm aus meinem Korb einen Strauß Veilchen. Er nahm sie, nickte unbeholfen, aber ohne ein Wort des Dankes, und ging weiter, sodass ich erleichtert zurückblieb. Und jetzt hielt ich einen Moment inne, um Höflichkeiten mit dem Offizier auszutauschen, den ich vom Fenster der Wache aus erblickt hatte. Wir waren enge Freunde, und ich war ihm für viele freundliche Gesten zu Dank verpflichtet. Er warf einen abschätzigen Blick auf meine Blumen, und um meinen Kummer zu lindern, sagte ich: „Nun, ich habe Neilson gerade einen Strauß Veilchen geschenkt. Glauben Sie, dass sie ihm etwas ausmachen?"

„Neilson?", fragte er sichtlich verwirrt.

„Ja, Neilson", antwortete ich, „der kleine, kräftige Mann dort drüben, da ist er *jetzt*! Er geht durch diese Tür!"

"Meine Güte, meine gute Frau", rief der Beamte, "das ist nicht Neilson! Da ist *er*; sehen Sie ihn nicht, den großen Kerl mit der Nase in der Luft, der dort neben dem Krokusbeet steht? Wenn es im Garten Blumen gibt, wird Neilson sie bestimmt bald finden."

„Ist er das?", fragte ich, und von diesem Moment an „machte mich ein Mitgefühl freundlich". Ich war mir Neilsons äußerster Güte sicher. Inzwischen hatte er die Anziehungskraft des Krokusbeets erschöpft und kam auf mich zu, aber so langsam, dass ich Zeit hatte, diese berühmte Persönlichkeit kritisch zu mustern – ein ernster, ruhiger Mann von schlanker, aber fester Statur, der selbst in seiner groben Gefängnisuniform eine gewisse (wenn ich es so ausdrücken darf) gelehrte Eleganz ausstrahlte.

In angemessener Kleidung hätte man ihn für einen Geistlichen oder einen Harvard-Professor halten können. Ich wählte den allerbesten Blumenstrauß aus meinem Korb, wünschte ihm bei unserem ersten Treffen einen fröhlichen guten Tag, reichte ihm die Blumen und sagte schüchtern (denn ich fand dieses ernste, herrschaftliche Wesen etwas unnahbar): „Möchten Sie heute einen Strauß Veilchen?" In seine eigenen Gedanken vertieft, hatte er mich bis jetzt nicht bemerkt. Er hielt inne, erwachte aus seinen Träumen, lüftete mit einer höchst zeremoniellen Verbeugung seine abgenutzte Gefängnismütze, nahm die Blumen aus meiner Hand, roch gelassen daran und sagte langsam: „Danke, Madam, sie *wären* sehr erfrischend." Obwohl Neilsons Verhalten ausgesprochen stoisch war, war sein Gesicht bemitleidenswert blass und dünn, und in seinen verblassten blauen Augen lag eine Welt geduldigen Pathos, die mir direkt ins Herz ging.

Als er im Sterben lag, hielt ich ihn einen Moment zurück und sagte eifrig: „Wenn Sie Blumen mögen – wenn Sie – wenn Sie denken, dass sie Ihnen *helfen würden* , könnte ich Ihnen jeden Montag ein paar mitbringen, wenn ich ins Krankenhaus komme."

„Blumen", antwortete er sentenziös, „ *sind* erfrischend; und wenn es Ihnen nicht zu viele Unannehmlichkeiten bereitet, Madam, würde ich mich freuen, jede Woche ein paar von Ihnen zu erhalten." Danach wurde mit dem zuvorkommenden Schließer der Wache vereinbart, dass jeden Montagnachmittag neben seinem eigenen Knopflochstrauß ein Strauß „saisonaler Blumen" auf seinem Schreibtisch liegen bleiben und von ihm in Neilsons Zelle geschickt werden sollte. Und da ich mich außerdem vergewissert hatte, dass Neilson keinen „Besucher" hatte, erhielt ich die Erlaubnis des Direktors, seinen Namen auf meine Besucherliste zu setzen, neben die von etwa vierzig anderen nicht besuchten Sträflingen, die *mich anstelle einer teureren Gesellschaft* einmal in drei Monaten in der großen Wache empfingen. Bei diesen Gelegenheiten durfte ich meinen traurigen Bekannten Blumen, Obst, Zeichen- und Schreibmaterial, Bücher, Traktate und Zeitschriften mitbringen, zusammen mit so viel vernünftigem moralischen Rat, wie er – wie das „Schaf auf dem Familienbild des Pfarrers" – „umsonst dazugegeben" werden konnte. Meine Freunde wiederum vertrauten mir

Passagen aus ihrem Leben an, die man einer Dame erzählen könnte; sie machten mich mit ihren Wünschen und Hoffnungen vertraut und baten mich fast ausnahmslos um meine Fürsprache beim Gefängnisdirektor. (Denn was auch immer sein Verbrechen sein mag, jeder Gefängnisinsasse hofft, dass dieser milde gesinnte Gefängnisdirektor ihn umgehend „begnadigt", wenn ihm ein freundlicher Vermittler seinen Fall vorträgt.) Aber mit diesem Dienst war ich gewissenhaft zurückhaltend. Gerne übernahm ich jedoch den Verkauf von mit Intarsien verzierten Schachteln, Fotorahmen und anderen Artikeln, für deren Herstellung die Männer Zeit und Material fanden, und deren Erlös es ihnen ermöglichte, „Harper's" zu abonnieren, ein oder zwei Bücher zu besitzen oder, noch besser, gelegentlich einer bedürftigen Mutter, Frau oder einem Kind etwas zu überweisen, das durch ihre eigene böse Torheit in Not geraten war. Von allen Gefangenen auf meiner Liste erwies sich keiner als zufriedenstellender als Neilson. Unsere Unterhaltung, die wir gemäß den Gefängnisregeln in Hörweite eines Offiziers führten, drehte sich hauptsächlich um Literatur. Denn dieser ehemalige Räuber und Mörder war ein Mann von nicht geringer Intelligenz. Seine geistigen Energien, die jetzt zwangsläufig von beklagenswerteren Bahnen gelenkt wurden, hatte er in diesen Jahren der Einsamkeit und Muße so gut zur Selbstverbesserung eingesetzt, dass er aus fast völliger Unwissenheit auf seine eigene Art zu einem gebildeten Mann geworden war.

Vor seinem letzten Satz (wie er mir erzählte) konnte er kaum lesen und nicht einmal seinen Namen schreiben. Während seines Aufenthalts im „Upper Arch" hatte er sich Lesen und Schreiben im Alleingang angeeignet und in Grammatik, Geographie, Arithmetik, Geometrie, Astronomie und verschiedenen anderen Bildungszweigen gute Fortschritte gemacht. Beim allgemeinen Lesen hatte er eine ausgeprägte Vorliebe und eine richtige Wertschätzung literarischer Vortrefflichkeit. Belletristik verachtete er zutiefst und hatte damit wohl nur wenig zu tun, denn er versicherte mir, dass er in seinem ganzen Leben (er war jetzt fünfzig Jahre alt) nur eine einzige Geschichte gelesen hatte, „Der Pfarrer von Wakefield". Da die Gefängnisbibliothek Neilsons liebste geistige Nahrung nicht immer liefern konnte, übernahm ich die Aufgabe, ihn mit der Lektüre zu versorgen, die ihm fehlte; und sein sorgfältiger Umgang mit dem Buch und seine prompte Rückgabe sowie seine große Wertschätzung seines Inhalts machten diese Arbeit zu einem Vergnügen.

Neilsons Geschichte, die ich zum Teil aus seinem eigenen Mund und zum Rest vom Direktor selbst erfahren habe, lautet folgendermaßen:

Als Engländer, geboren in einem Londoner Elendsviertel, wuchs er, wie es sich für ein schlechtes Weib gehört, planlos auf und neigte schon in seinen ersten Hosen ganz natürlich zum Verbrechen. Nach einer Kindheit voller Landstreicherei und kleiner Diebstähle wurde er in jungen Jahren ein professioneller Einbrecher. Er hatte viele Gefängnisse seines Heimatlandes kennengelernt und war zweimal aus der „schweren Haft" entkommen, als er nach Botany Bay deportiert wurde, von wo aus er ebenfalls entkam, zusammen mit einem anderen berüchtigten Einbrecher und Räuber, der sein Komplize bei dem Verbrechen gewesen war, für das sie beide ausgewiesen worden waren.

Als sie ihre Freiheit wiedererlangten, kamen die beiden in dieses Land und hatten in Boston gemeinsam einen Bankraub begangen. Für dieses Verbrechen wurden sie ordnungsgemäß verurteilt und zu sieben Jahren Gefängnis verurteilt. Vor der Verlegung aus dem Gefängnis gelang es einem von ihnen zu fliehen. Der andere, Neilson, hatte seine Beute mit seinem Komplizen geteilt. Neilson war die Seele der Ehre, jener sehr fragwürdigen Ehre, die es, wie es das Sprichwort sagt, unter Dieben geben *kann* , und obwohl er den Beamten der „Bank" pflichtbewusst mitteilte, wo *sein* Anteil der Beute vergraben war (den sie fanden), und bei einem späteren Gespräch mit ihnen im Gefängnis seinen Schuh auszog, aus seinem Strumpf nahm und ihnen außerdem eine Summe von etwa siebenhundert Dollar zurückgab, die er als Taschengeld behalten und so geschickt ins Gefängnis geschmuggelt hatte, konnte er weder durch Bitten noch durch Bestechung dazu bewegt werden, irgendetwas über die Beute seines Komplizen preiszugeben.

Von Neilson wurde behauptet, dass er in den oben erwähnten schlimmen Tagen nie Gewalt duldete, sondern seinen Beruf größtenteils ohne persönliche Verletzungen seiner Opfer ausübte und seine Ziele eher durch Strategie als durch Brutalität erreichte. Und doch, so seltsam es auch war, verübte genau dieser Mann an einem verhängnisvollen Morgen – und seltsamerweise war es der Tag, an dem seine Strafe für den Bankraub abgelaufen war und er innerhalb weniger Stunden aus dem Gefängnis entlassen worden wäre –, als die Sträflinge in einer Reihe vom Gefängnis zur Werkstatt marschierten, einen brutalen und tödlichen Angriff auf einen unschuldigen Mithäftling. Er griff über die Schulter des Mannes neben ihm in der Reihe und stach dem unglücklichen Gefangenen mit einem Schuhmesser in den Hals, durchtrennte die Halsschlagader und verursachte den sofortigen Tod. Es gab keinen Streit zwischen den beiden, und es konnte kein Grund für den Mord festgestellt werden, für den Neilson zu gegebener Zeit vor Gericht gestellt, verurteilt und zum Tod durch den Strang verurteilt wurde.

Alle Vorbereitungen zur Vollstreckung des Urteils waren getroffen, der Galgen war errichtet, der Strick war an seinem Platz und der Kaplan verrichtete seine letzte Amtshandlung, als der Gouverneur einen Aufschub von dreißig Tagen gewährte.

Nach einiger Überlegung kam man zu dem Schluss, dass Neilson vorübergehend an Geisteskrankheit litt, und da er als friedlicher Mensch bekannt war und keinen Grund für den Anfall nennen konnte, obwohl er nie *andere* Symptome einer Geistesstörung gezeigt hatte, wurde ihm der Vertrauensvorschuss gewährt und seine Strafe in lebenslange Einzelhaft umgewandelt. So entkam er dem Grab, nur um in ein lebendiges Grab verbannt zu werden. Als wir uns das erste Mal begegneten, hatte Neilson insgesamt etwa zwanzig Jahre im Staatsgefängnis verbracht. In den ersten Jahren seiner Haftstrafe durfte er seine Zelle nicht ein einziges Mal verlassen, und ohne die lobenswerte Menschlichkeit des neuen Gefängnisdirektors hätte er nie wieder die Sonne gesehen.

Die Zellen des „Upper Arch" sind nicht wie die allgemein üblichen zu besichtigen; doch da ich die mir von den Behörden des Staatsgefängnisses gewährten Privilegien nie missbraucht hatte, wurde mir eines Tages freundlicherweise gestattet, Neilson in seinem eigenen Apartment zu besuchen.

Ich folgte meinem Führer durch einen feuchten, engen Korridor, der düster bis bedrückend war und von düsteren Eisentüren gesäumt war, die alle mit Riegel und Vorhängeschloss gesichert waren. Viele dieser Zellen werden zeitweise von widerspenstigen Gefangenen bewohnt, und als ich ging, drang ein misstönender Chor aus Stöhnen, Schreien und Flüchen, vermischt mit der Dissonanz der wahnsinnigen Fröhlichkeit eines unausgeglichenen Elenden, der in dieser schrecklichen Einsamkeit den Verstand verloren hatte, an mein widerwilliges Ohr. Am äußersten Ende des traurigen Korridors strahlte ein schmales, mit Spinnweben bedecktes Fenster schwaches Licht herein. Mein Führer blieb an der linken Eckzelle stehen, steckte seinen Schlüssel in das Vorhängeschloss, drehte es um, entfernte den schweren Riegel, stieß die Tür auf und führte mich in Neilsons Gegenwart.

Ich fand die Zelle etwas größer als die üblichen Privatabteile des Gefängnisses, aber unbeschreiblich feucht, stinkend und düster. Ein schmales Schießschartenloch, verglast, vergittert und „hermetisch versiegelt", ließ einen schwachen Schimmer des Tages herein. Eine kleine Öffnung oder Pforte am unteren Ende der Tür, die offensichtlich dem doppelten Zweck diente, Luft und Nahrung hereinzulassen, war jetzt fest verschlossen.

Zur Einrichtung gehörte ein einfaches Bett mit einer Matratze aus Stroh, schmutzigen Laken und einer dürftigen Portion grober grauer Decken, mit einem Kissen aus Spelzen oder Stroh, einem groben Tisch aus Kiefernholz, einem Bücherregal und einem Hocker. Auf dem Tisch standen eine rostige Blechtasse, eine Flasche Essig, eine Pfefferstreuer und eine Tasse mit schmutzigem Salz. Außerdem lagen zwei Eisenlöffel, ein Messer und eine

Gabel mit Horngriff und eine Bibel darauf. Das Regal war gut gefüllt mit Büchern, und zwischen ihnen stand ein Einmachglas, das jetzt Neilsons Blumensträußen heilig war und in dem sich noch ein paar verwelkte Blumen befanden.

Neilson selbst lag halb auf seinem Bett und war in ein Buch vertieft. Als ich eintrat, erhob er sich etwas verwirrt. Ein Besuch bei Neilson war kaum möglich. Er gewann jedoch bald seine Fassung zurück, verbeugte sich feierlich, verabschiedete sich von mir und begab sich mit herzlicher Würde in seine Zelle.

Er stellte voller Stolz seine kleine Bibliothek aus und lenkte meine Aufmerksamkeit besonders auf die Vortrefflichkeit des Regals, das er für seine kostbaren Bände, etwa fünfzehn oder zwanzig an der Zahl, gebaut hatte. Ich hatte Neilson ein bisschen von diesem June mitgebracht, dessen Sonnenschein Gottes guten und bösen Kindern gleichermaßen zugute kommt, in Form eines großen Straußes Damaszenerrosen. Er füllte sein Gefäß aus dem rostigen Blechbecher und arrangierte sie mit zärtlicher Sorgfalt, und ihr angenehmer Duft durchdrang bald diesen trostlosen Ort. Bei dieser Gelegenheit hatte June ihrem gleichgültigen Rentner auch eine Kiste mit reifen, roten Erdbeeren gespendet; und nun, froh, auch dieses armselige Stück Sommer hinter mir zu lassen, warf ich einen letzten traurigen Blick auf den traurigen Ort und verabschiedete mich von Neilson. Als ich dankbar in Gottes Tageslicht zurückkehrte und über den Mann und seinen trostlosen Aufenthaltsort nachdachte, schien es kein Wunder, dass sein Gehirn, nachdem er fünfzehn Jahre in dieser freudlosen Zelle gelitten hatte, manchmal den Schrecken der Situation erlag, denn der Direktor hatte mir erzählt, dass Neilson manchmal „den Verstand verlor". In diesem Moment weckten seine Schreie, verfolgt vom rächenden Schatten von „Morris", dem Mann, den er ermordet hatte, die Nachtpatrouille, die den Direktor aus seinem Bett rufen musste, um das arme Phantom zu begraben, da Neilson sich einbildete, dass der Direktor – und *nur er* – dazu in der Lage war.

Sechs freundliche Jahre lang war es mir gestattet, Neilsons Leben ein wenig weniger trostlos zu machen und ihn zu ermahnen, die ihm zu Recht auferlegte lange Buße mit der gebotenen Standhaftigkeit zu ertragen und ihm auf meine unbeholfene, unvollkommene Art durch meine *eigene Art göttliches* Mitgefühl zu vermitteln .

Obwohl er zweifellos plebejischer Abstammung war, muss doch ein kleines Rinnsal edlen Blutes seinen Weg in Neilsons Cockney-Adern gefunden haben. Während unseres gesamten Umgangs schockierte er mich nicht ein einziges Mal durch eine grobe Miene oder eine unanständige Handlung. In seiner Wortwahl war er sogar pingelig, und sein Geschmack in Sachen Blumenarrangements hätte kaum der anspruchsvollste Mensch bezweifeln können. Er hatte ausnahmslos das Benehmen und die Instinkte eines Gentlemans. Seine diätetischen Vorlieben waren, wie ich leider feststellen muss, manchmal unelegant. Obwohl er in Bezug auf seine Wünsche ausgesprochen zurückhaltend war, hatte er es sich getraut, um ein Stück Käse als Beilage zu der Mince Pie zu bitten, die ich ihm an jedem Staatsfeiertag (der gesetzlichen Pie-Zeit im Gefängnis) gerne zubereitete, und man hatte mich belehrt, dass der Käse umso besser sei, je *kräftiger er sei.* Er zog auch rohe Zwiebeln den Bartlettbirnen vor, und ich habe ihm viele Körbchen dieses scharf riechenden Gemüses gebracht, was meinen eigenen gereizten Geruchssinn sehr beunruhigte. Pfeffergras, Artischocken und rohe Rüben schätzte er sehr.

Neilson war normalerweise ein friedlicher und ruhiger Mensch, doch manchmal konnte er zu äußerster Wut geraten. Ich erinnere mich noch gut an seinen wütenden Protest gegen den Gefängniskaplan, als dieser ein Werk von James Freeman Clarke konfiszierte, das er im Besitz eines theologisch gesinnten Sträflings gefunden hatte, mit der Begründung, es sei „ein ungläubiges Buch" und ungeeignete Lektüre für das Gefängnis.

Im Laufe der Jahre wurde Neilson allmählich ein gebrochener Mann. Der „Arch" hatte seine zerstörerische Arbeit gut verrichtet, und etwa fünf Jahre, nachdem ich ihn kennengelernt hatte, wurde er für immer aus seiner schädlichen Atmosphäre entfernt und dauerhaft im Gefängniskrankenhaus untergebracht, wo er, wie seine Mitpatienten, alle gesetzlichen Immunitäten genoss, die einem invaliden Gefangenen zustehen.

Er konnte nun seinen verkrampften Gliedern Platz verschaffen, hatte *unter freiem Himmel etwas Gesellschaft* mit seinesgleichen und durfte sich im Hof *nach Belieben* sonnen. Der arme Neilson! Diese relative Freiheit kam zu spät. Seine Schwindsucht war inzwischen weit fortgeschritten, er litt an Morbus Bright, und der Arzt hatte auch eine ernste Herzerkrankung bei ihm festgestellt. Auch sein Gehirn war von diesem Zerfall betroffen, und er hatte das Lesen aufgegeben und verbrachte seine Freizeit, wenn er keine Schmerzen hatte, mit feiner Holzschnitzerei oder Intarsienarbeit. Seine Arbeiten, oft von phantastischem Design, waren immer exquisit in der Ausführung und manchmal absurd kunstvoll, wo Ausschmückung völlig unnötig war (denn bei Neilson „sahen die Götter überall hin"). Stunden geduldiger Arbeit widmete er der Vollendung des „Unsichtbaren".

Dank des einhelligen Wohlwollens der Lehrer in den Gefängniswerkstätten war der arme Kerl leicht an die feinsten Materialien gelangt, und seine Elfenbeinamulette, seine Perlmuttkreuze und eingelegten Satinholzdosen fanden außerhalb des Gefängnisses einen regen Absatz und einen Preis, der es ihm wahrscheinlich zum ersten Mal in seinem Leben ermöglichte, in den Besitz ehrlich verdienten Geldes zu kommen. Im Krankenhaus entwickelte

Neilson mit phantasievoller Genialität für mein armees Ich das merkwürdigste Tintenfaß. Das Design zeigte ein Kamel auf einer Plattform, die mit geschnitzten Vergissmeinnicht umkränzt und mit einem lateinischen Motto versehen war, das einen rätselhaften Bezug auf die vorausschauende Lebensweise des Tieres hatte. Unglücklicherweise nahmen die Plattform, das Kamel mit seinen zwei Höckern, das Motto und die Vergissmeinnicht in Neilsons Design eine so große Rolle ein, dass dessen Hauptelement, das Tintenfaß, praktisch weggelassen werden musste; und konnte nur durch ein flaches Gefäß angedeutet werden, das etwa einen guten Fingerhut fasste und gefährlich auf dem unregelmäßigen Rücken des Kamels thront. Von Zeit zu Zeit durfte ich den Fortschritt dieser bemerkenswerten Schöpfung beobachten und wurde gebeten, ein abgebildetes Kamel und einige echte Vergissmeinnicht als Modelle zu verwenden.

Der etwas mürrische Krankenhauswärter, der von Tag zu Tag verächtlich die Fortschritte meines Tintenfasses zur Kenntnis nahm, versicherte mir nach dessen endgültiger Fertigstellung grimmig: „Wenn Neilson für seine Arbeit an *diesem Ding pro Tag bezahlt worden wäre* , hätte es etwa zweihundert Dollar gekostet!" Der arme, geduldige Kerl, es war fast seine letzte Arbeit! Er war jetzt zu schwach geworden, um die Krankenhaustreppe hinunterzukriechen, um sein tägliches Sonnenbad zu nehmen. Und bald war sein Platz im Salon, wo sich die Männer, die noch herumlaufen konnten, montags versammelten, um meiner Lesung zuzuhören, leer. Er lag jetzt auf seiner Pritsche, leger gekleidet in ein verblichenes bedrucktes Hemd und geflickte Hosen, die er beide mit einer Würde trug, die ihm typisch war. Seinen Kopf schmückte eine hoch aufragende Baumwollnachtmütze. Was auch immer ihm sonst fehlen mochte, Neilson fiel immer mit einer Nachtmütze auf. Für ihn war sie eine Art Zeichen der Ehrbarkeit. Bis zu seiner letzten Stunde verlor er keinen Augenblick jene überlegene Haltung, die ihn selbst in der groben und erniedrigenden Umgebung eines Gefängnisses auszeichnete. Zuletzt litt er unter großen Schmerzen, doch als das Ende nahte, wurde sein Geist wunderbar klar, und er hörte aufmerksam einer Lektüre zu und genoss Gespräche.

Er machte seinen Wärtern wenig Mühe; sie wurden aus den Reihen seiner Mitgefangenen abkommandiert, um ihn tagsüber zu pflegen oder nachts mit ihm Wache zu halten, und bis zu seiner Todesstunde bewies er stoische Geduld.

Es war zu befürchten, dass der Schatten des ermordeten „Morris" ihn in der Verwirrung seiner letzten Augenblicke erneut quälen könnte. Am Tag vor seinem Tod saß ich, nachdem ich aus seinem Gebetbuch die Gottesdienste für die Kranken und Sterbenden gelesen hatte, da und beobachtete schmerzerfüllt sein mühsames Atmen, während er hoch auf Kissen gestützt dalag und ein Ausdruck feierlicher Erwartung auf seinem ehrfürchtigen

Gesicht lag. Von Zeit zu Zeit zog sich ein Schmerzkrampf über seine Stirn, die bereits vom Tau des Todes feucht war. Ich wischte zärtlich über seine feuchte Stirn, legte einen Löffel Wasser zwischen seine armen Lippen und beugte mich, immer noch des Rächers eingedenk, zu seinem Ohr und flüsterte beruhigend: „Sie haben doch überhaupt keine Angst, Neilson, *oder* ?" Er riss die Augen weit auf und antwortete mit einem halb vorwurfsvollen Blick deutlich: „Angst! Angst vor *Gott* ! Ach, gnädige Frau, ich wünschte, ich wäre jetzt *bei* ihm !" In dieser Nacht wurde Neilsons Gebet erhört. Unter gewaltigen Schmerzen (denn er war ursprünglich ein Mann von eiserner Konstitution; alle seine Vorfahren hatten, wie er mir erzählte, das neunzigste Lebensjahr überschritten) wurde sein Geist von den Sünden und Leiden des Körpers befreit und konnte zu Gott zurückkehren, der ihn ihm gegeben hatte.

Neilsons Trauerfeier wurde mit einer für das Gefängnis ungewöhnlichen Zeremonie abgehalten, da Beerdigungen dort meist nur geringfügige Anlässe sind und in bestimmten Notfällen sogar ohne ein Gebet des Kaplans stattgefunden haben .

Diese Beerdigung wurde durch die Anwesenheit des Direktors und des Kaplans geehrt. Etwa dreißig Männer aus den Werkstätten hatten die Erlaubnis erhalten, anwesend zu sein. Ein oder zwei Ausbilder und Offiziere von „niedrigem Rang" waren ebenfalls da, und auch ich war eingeladen worden. Der Kaplan gab einen kurzen Überblick über Neilsons Leben im Gefängnis und schloss mit einigen ermahnenden Worten zum Wohle der Sträflinge. Der Direktor hielt eine einfache und freundliche Ansprache. Es wurde ein Gebet gesprochen, wonach die Männer mit unbedeckten Köpfen ehrfürchtig an die Seite des Sarges marschierten, um einen letzten Blick auf das ruhige weiße Gesicht ihres Kameraden zu werfen, und dann mit nüchterner Miene und in Begleitung ihrer Offiziere das Krankenhaus verließen. Während der Direktor und der Kaplan einige letzte Vereinbarungen mit dem Krankenhausoffizier trafen, blieb ich beim Sarg, um Neilson einen Strauß frischer Veilchen in die schlaffe Hand zu legen; dann verabschiedeten sich der Direktor und der Kaplan stumm von ihm und folgten langsamen Schritten und traurigen Herzens; und wir gingen zusammen in den großen Wachraum.

Als ich mit tränennassen Augen dastand und darauf wartete, dass der Gefängniswärter mich aus dem Gefängnis ließ, trat der Gefängnisdirektor an meine Seite. „Nun, Neilson ist gestorben", sagte er ernst. „Er war ein alter Gefängnisinsasse und wird im Gefängnis vermisst werden. Und nebenbei möchte ich Ihnen sagen, dass Sie eine Erbin sind! Neilson hat sein Testament gemacht und es mir anvertraut. Seine ganzen wenigen Ersparnisse, dreißig Dollar, hat er Ihnen vermacht. Armer Kerl", fuhr er fort, „zweifellos hat er zu seinen Lebzeiten seinen Teil an Unheil angerichtet, aber was auch immer er war, Neilson kannte seine *Freunde* .“

Das erste Vermächtnis, so klein es auch sein mag, ist ein Ereignis und oft eine Überraschung. Noch nie zuvor war mein bescheidener Name in einem Testament erwähnt worden. Ich brauchte jedoch nicht lange, um zu entscheiden, was mit Neilsons rührender Bitte geschehen sollte. Es sollte die Errichtung eines einfachen Steins als Zeichen seiner letzten Ruhestätte sein.

Wie alle anderen nicht abgeholten Toten des Gefängnisses wurde er zur Bestattung auf dem Armenfriedhof nach Tewksbury gebracht.

Auf meine Bitte hin schrieb der Direktor freundlicherweise an die dortigen Behörden und bat sie, Neilsons Grabstätte zu bestimmen, damit ich meinen Entschluss in die Tat umsetzen könne. Da ich keine Antwort erhielt, begab ich mich in meiner Entmutigung an das „Board of State Charities“, um Informationen zu Neilsons verschwundenen Überresten zu erhalten. Ich glaube, diese Institution stellte einige Nachforschungen in dieser Angelegenheit an, aber sie wurden so gleichgültig verfolgt, dass nichts dabei herauskam, und ich musste schließlich die traurige Annahme treffen, dass Neilson die letzte billige Gabe, die selbst die Ärmsten von der Erde beanspruchen können – ein Grab – vorenthalten worden war; und sein Vermächtnis wurde dementsprechend der Beschaffung von Obst für die Sträflingspatienten im Krankenhaus gewidmet; und vielleicht wäre diese Verwendung seiner geringen Ersparnisse dem armen Kerl selbst nicht unpassend erschienen, wenn es möglich gewesen wäre, ihn bei dieser Gelegenheit zu konsultieren.

All dies geschah vor zwanzig Jahren. Da das mysteriöse Verschwinden von Neilsons sterblichem Körperteil noch immer nicht aufgeklärt werden konnte, kann man davon ausgehen, dass dieser Körperteil aus wissenschaftlichen Gründen vor langer Zeit zerstückelt wurde, oder dass er, noch teilweise intakt, nun fleischlos und entehrt in der „Leichenkammer“ irgendeines Arztes hängt.

Angesichts dieser grausigen Schlussfolgerungen kann man getrost Zuflucht in der ermutigenden Hoffnung suchen, dass Neilson *selbst* noch lebt und dass seine moralische Entwicklung in einer Phase seines Daseins, die außerhalb des Erfassungsbereichs unserer dürftigen Psychologie liegt, nun ohne Unterbrechung weitergeht.

    „Denn noch immer vertrauen wir darauf, dass das Gute irgendwie
    das Endziel des Bösen sein wird,
    zu Qualen der Natur, Sünden des Willens,
    Fehlern des Zweifels und Blutsbefleckungen.“

Eine katastrophale Schlittenfahrt.

Es Nacht im Gefängnis. In diesen düsteren Bezirken, wo der Tag nie richtig hereinbricht, bricht die Nacht düster herein, als wäre das ganze Verfahren bestenfalls ein armseliger Anflug von Ironie. Die Sträflinge sind in ihren unappetitlichen Unterkünften sicher. In den kühlen Korridoren kämpft das Licht schwach mit der umgebenden Dunkelheit; und die Zellen liegen halb im Schatten; doch hier und da kann man eine unruhige Gestalt erkennen, die mit kurzen, scharfen Wendungen ihre lästigen Grenzen abschreitet oder launisch an ihrer vergitterten Tür steht; ein unbekannter Ausgestoßener; eine Einheit in einem Aggregat der von Sünde zerstörten Menschheit; doch (wie Gott weiß) mit einem Herzen ausgestattet, das unserem ähnlich ist – einem Herzen, das schmerzen, bereuen, ertragen und brechen kann!

In der verlassenen Wache herrscht Stille. Der Nachtwächter sitzt auf seinem Platz. Sein gesenkter Kopf neigt sich allmählich zu seiner üppigen Brust, verliert dann aber seine Haltung und richtet sich mit einem abrupten Ruck wieder auf. Er reibt sich die Augen, unternimmt einen schläfrigen Versuch, ihn offiziell zu mustern, und sinkt dann auf dem Rücken in einen ungestörten Schlaf. Währenddessen geht dort drüben im „Nordflügel" ungestört ein schlaues Flüstern weiter.

Pat Doniver, der Gefängnisläufer, dessen Stunde der Entlassung noch nicht gekommen ist, befragt inoffiziell seine Mithäftlinge. Pat sitzt in aller Unschuld auf einem Kiefernstuhl, unterwirft sich den offiziellen Anweisungen und ist kurz davor einzuschlafen. Die Wahrheit zwingt jedoch zu der strengen Feststellung, dass zwischen Mr. Donivers Tun und seinem Schein oft eine beklagenswerte Diskrepanz besteht; aber um das „wahre Innere" von Pat zu erfahren, muss man die Geschichte jener großartigen Schlittenfahrt hören, die ihn, ganz entgegen seiner Absicht, letztlich ins Staatsgefängnis brachte.

Pat Doniver ist Ire, obwohl er - wie er Ihnen erzählen wird - "nicht in seinem Heimatland geboren wurde, diesem aber nur knapp entkam", da er verfrüht auf die Bühne des Lebens gedrängt wurde, im überfüllten Zwischendeck eines Atlantikdampfers mit Ziel Boston und noch nicht ganz außer Sichtweite der Kreidefelsen Albions.

Pat ist schlank und schlank, sein Gesicht ein sehr hiberniascher Apollo – wenn man sich einen Apollo mit einer entschieden spitzen Nase vorstellen kann. Trotzdem ist Pats Gesichtsentwicklung gut. Sein Mund ist fein geschnitten, und seltsame kleine Lächeln verzieren ständig seine schönen Mundwinkel. Seine Augen sind kohlschwarz, sein Haar ebenso, und solche Locken! Sie sind Pats besondere Schwäche – die Lieblinge seines Herzens! Und es ist unter den Gefängniswärtern bekannt, dass Pat, nachdem er aufgefordert worden war, seine geliebten Rabenflügel der ersten Gefängnisscherung zu unterziehen, sich den „Mächten, die da sind", hartnäckig geweigert hatte, nachzugeben und tatsächlich die Schrecken einer dreitägigen „Einzelhaft" ertragen hatte, um das unveräußerliche Recht eines irisch-amerikanischen Bürgers auf den friedlichen Besitz seines eigenen Haares zu verteidigen!

Im Ruhezustand hat Pats Gesicht jenen Ausdruck sittsamen Schalks, der im Gesicht eines ausgelassenen Kätzchens lauert, das mit einem offenen Auge in der Sonne döst. Dies ist Pats Geschichte; und wenn man sich das Leben im Gefängnis ansieht, wird man feststellen, dass sie keine ungewöhnliche ist.

Als Stadtgeborener scheint er in seiner Jugend ungleichmäßig zwischen Hausarbeit und Schule abgewechselt zu haben und lange und häufige Phasen völligen Herumstreunens zu durchlaufen. Mit zwölf verlor er seine Mutter (seinen Vater kennt er überhaupt nicht) und kämpfte sich, so gut er konnte, zum jungen Mann hoch, bis er schließlich die Würde eines Kutschers erlangte. Später wurde Pat ein erfahrener Trinker. Die beiden Beschäftigungen (wie man oft bemerkt haben muss) stehen sich nicht im Geringsten entgegen. So kam es schließlich dazu, dass es bei Pat die Regel war, angetrunken zu sein, während es die seltene Ausnahme war, nüchtern zu sein. Nach dem großen Schneefall von 18–19 beschloss unser Held, sich eine Schlittenfahrt zu „gönnen". Schlittenfahrten waren in *seiner* Branche zwar alltägliche Ereignisse, aber dies sollte, wie er in seinem eigenen reichen Dialekt erklärte, „eine schöne gesellige Zeit sein, bei der ich ganz ich selbst sein kann".

Zu diesem Zweck (er vertraute seine Kutsche vorübergehend einem freundlichen Jehu an) mietete Mr. Doniver ein schönes Pferd und einen Kutscher und dazu „to kape himself warrum", ein großes Büffelfell. So reichlich ausgerüstet und mit seinen Taschen gut gefüllt mit Kleingeld, machte sich Pat fröhlich auf den Weg. Der Tag war bitterkalt, die Getränke herrlich warm, und irgendwie nahm er nebenbei mehr Erfrischungen zu sich, als er zu Beginn erwartet hatte. Tatsächlich, um die Wahrheit zu sagen, hatte Pat zu Beginn dieses lustigen Ausflugs einen so komplexen geistigen Zustand erreicht, dass es ihm *äußerst* schwerfällt, überhaupt zu zählen, und im Laufe des Tages – abgesehen von dem verwirrten Bewusstsein, dass er in verschiedenen Bars mehr Getränke als Bargeld in einer bestimmten Tasche hatte – verlor Pat völlig das Zählen. In diesem unangenehmen Dilemma kam unserem durstigen Ausflügler natürlich die Idee, bestimmte marktfähige persönliche Gegenstände, die sofort zur Hand waren, zu veräußern. Nachdem er an verschiedenen Rastplätzen seine große silberne Uhr, einen riesigen Bleistift aus demselben verkaufsfähigen Metall, sein neues rotes

Seidentuch, seine Handtasche und seinen Taschenkamm, eine schicke neue Krawatte, die er eigens für diesen großartigen Anlass gekauft hatte, und schließlich seinen eintönigen Mantel mit vielen Umhängen ausgetrunken hatte, wurde ihm nun klar, dass bei der zunehmenden Wärme der Temperaturen – die Folge endloser Trinkgelage – ein Büffelfell nur das Allernötigste war. Nachdem er zu dieser stoischen Schlussfolgerung gelangt war, behält Pat danach nur noch eine verschwommene Erinnerung an diesen verhängnisvollen Ausflug. „Ein gehorsamer junger Bursche", wie er sich erinnert, hatte die Güte, Whisky gegen wilde Büffel einzutauschen, die er, Pat, in zahllosen Herden jagen und hierher treiben wollte. Pat erwachte am nächsten Morgen und fand sich im Gefängnis wieder, angeklagt wegen Trunkenheit und Diebstahls eines Büffelfells.

Der schnittige Kutter mit seinem bewusstlosen Insassen war von dem müden, aber klugen Ross pflichtbewusst seinem Besitzer übergeben worden, der Pat wiederum, seines Büffelfells beraubt, der Polizei übergab.

Aus diesem Grund wurde Patrick ins Gefängnis gesteckt, wo er die traurige Zeit zwischen Einweisung und Prozess mit dem Kampf gegen die blauen Teufel verbrachte, deren Ausbrüche in diesem fortgeschrittenen Stadium des Alkoholexzesses, wie man sich vielleicht vorstellen kann, nicht selten waren.

Pat hatte jedoch eine echte irische Konstitution und es mangelte ihm nicht an irischer Kampfeslust. Und ohne Hilfe und allein rang er energisch mit den wilden Teufeln des Delirium tremens, und hätte er sie *nicht* ohne Hilfe und allein besiegt, wäre er wahrscheinlich umgekommen. Das Schicksal hatte jedoch Besseres (und auch *Schlechteres*) für Mr. Doniver vorgesehen, und so besiegte er sie schließlich, und als der Tag seiner Verhandlung kam, war er – zum ersten Mal in seinem Erwachsenenleben – absolut nüchtern.

Und jetzt wäre es dem Kerl nicht so schlecht ergangen, denn dieser geringfügige Diebstahl hätte mit einer kurzen Haftstrafe im Zuchthaus gesühnt werden können, wenn nicht eines dieser schelmischen Vögel, die Geschichten erzählen, vor Gericht geflüstert hätte, dass Pat Doniver ein notorischer Trunkenbold sei.

„Rausch", bemerkte der Richter streng zu dem Anwalt zu seiner Linken, dessen Atem einen unverkennbaren Brandygeruch ausströmte, „Rausch, Sir, nimmt in unserer Gemeinde überhand, und ich sehe es als meine Pflicht an, aus dem vorliegenden Fall ein eindrucksvolles Beispiel zu machen." Und daraufhin, als die Jury bereits ein Schuldurteil gefällt hatte, rutschte der Richter auf seinem Stuhl hin und her (seine Essenszeit war längst vorbei und sein Temperament war etwas cholerisch), sah Pat direkt an, dachte an den besorgniserregenden Anstieg der Trunkenheit in unserer Mitte und verurteilte ihn zu fünf Jahren Gefängnis.

Nachdem der Richter Pat Doniver auf diese Weise gerichtlich den Garaus gemacht hatte, ließ er mit einem Seufzer der Erleichterung den Fall abfallen und ging zum Abendessen.

Im Gefängnis wie auch anderswo gewann der gutmütige Pat allgemeine Gunst, und im zweiten Jahr seiner Inhaftierung gab ihm Gefängnisdirektor Flint die einfache und verhältnismäßig angenehme Position eines Laufburschen.

Bislang war Mr. Donivers Leben im Gefängnis träge und langweilig verlaufen. Nun hatte das Schicksal seinen Wirkungsbereich gnädig erweitert. Pat war ein geborener Schurke ohne die geringste Spur von Boshaftigkeit und es war sein größtes Vergnügen, die scharfsichtigen Gefängniswärter auszutricksen und vor ihrer Nase eine endlose Vielfalt harmloser Untaten zu planen und auszuführen. Oftmals richtete er in der Güte seines warmen irischen Herzens Unheil an, „damit etwas Gutes dabei herauskommt", und noch häufiger tat er es aus eigenem Vergnügen.

Eine der Pflichten, die sich aus Pats Beruf ergaben, war die Zustellung von Mahlzeiten an gewisse widerspenstige Gefängnisgeister, die – wie Miltons Teufel – lieber „im Dunkeln herrschen als im Licht dienen" wollten und in strafbarer Einsamkeit ihre spärliche Portion Brot und Wasser verzehrten; viele schlaue Bissen köstlichen Schweinefleisches, die er von seiner eigenen mageren Portion absparte und gemütlich zwischen grobe Brotscheiben klemmte, trösteten diese hungrigen Elenden. Oft entleerte eine bestimmte wasserdichte Blechdose – die zu diesem sündigen Zweck mit jenem Untergrundexpress, dessen Geheimnisse nur Eingeweihte durchdringen dürfen, zu unserem hinterlistigen Lieferanten gebracht wurde – oft entleerte diese Dose, ordentlich in den unschuldigen Tiefen eines Wassereimers verstaut, ihren wohlschmeckenden Inhalt in die hohlen Münder widerspenstiger Sünder! Pats Stellung im Gefängnis bot ihm außerdem unzählige Gelegenheiten zu jenem heimlichen Verkehr, der zu dieser Zeit den gesamten gesellschaftlichen Austausch des Ortes ausmachte; und in seiner Funktion als Nachrichtenhändler und Vermittler war er in dieser beschränkten Gemeinschaft zu einer sehr beliebten und höchst wichtigen Persönlichkeit geworden. Wer außer ihm hätte geschickt diesen günstigen Moment nutzen können, um einer eifrigen Elster des großen Käfigs das schlüpfrige Stück Klatsch von draußen ins Ohr zu flüstern, das er geschickt aus dem gedankenlosen Geplauder der redseligen Wärter herausgelesen hatte?

Als der „geborene junge Greise" in Nr. —, dessen verstorbener Urgroßvater ihm unglücklicherweise gewisse sprunghafte Ansichten über die alten Pronomen „ *Mein und dein* " vermacht hatte, die sich nie ganz in einem *echten*

Verbrechen entwickelten, sich aber in keiner Weise als verhängnisvoll für den vorgenannten Vorfahren erwiesen hatten, dessen Gebeine in der Familiengruft ebenso ehrenhaft zerbröselten wie die jenes schwer zu fassenden „ehrlichen Mannes", nach dem der griechische Zyniker, wie man weiß, mit der Laterne in der Hand diese böse Welt vergeblich absuchte; als der „geborene junge Greise" – mit dem hässlichen Erbstück, das die Natur, nebenbei vermehrt, verhängnisvoll an die dritte Generation weitergegeben hatte – trübsinnig und reumütig allein in seiner Gefängniszelle saß, und wer außer Pat Doniver, der sich für eine kleine Ruhepause auf den Kiefernstuhl „vor" dem Gitter fallen ließ, mit gedämpfter Stimme das Telefon *leerte* , in das Ohr des Gefangenen eine solche Fülle an Witzen, Neuigkeiten und Anekdoten (letztere ein wenig abgestanden, aber immer noch gewagt), dass dieser niedergeschlagene junge Fälscher mit erheitertem und getröstetem Herzen in seine trostlose Hütte zurückkehren würde?

Gibt der Gefängnisbote heute Abend eine Kaffeeparty oder weiht er, wie seine nette alte Landsfrau, „einen Sari von Tays" ein? Ein, zwei, drei, vier Blechbecher! Sie wurden alle leer durch das Gitter gereicht, und durch einen geschickten Taschenspielertrick von Pat gehen sie alle voll zurück! Aber plötzlich kommt der Gefängniswärter! Pat und sein Stuhl werden augenblicklich regungslos, und im Handumdrehen schläft er tief und fest. Der Offizier – nicht ohne viele heftige Schüttelbewegungen – weckt ihn, und er wird gähnend und stolpernd in seine Zelle geschickt. Dort verabreicht er sich eine kleine Dosis seines mysteriösen Getränks, verzieht ein Gesicht äußersten Ekels, und danach wälzt er sich, die Seiten fest umklammernd, eine Zeit lang auf dem Boden seines Schlafsaals, geschüttelt von unterdrücktem Lachen.

Und nun muss man zur Erklärung der Vorkommnisse des Abends niemand Geringeren als Jehaziel Green, Esq., auf den Plan rufen, den ehemaligen Postmeister von Pinkertown, Diakon der First Church, Besitzer des Tante-Emma-Lebensmittelladens von Pinkertown und Armenaufseher.

Mr. Green ist in letzter Zeit in schlechte Zeiten geraten. Da er auf dem Weg durch das Postamt von Pinkertown mehrmals eine Unmenge an Briefen geöffnet hat, sitzt er nun regelmäßig im Staatsgefängnis.

Da sich der Mensch den Physiologen zufolge nur einmal in sieben Jahren atomar verändert, ist Jehaziel Green – der nur ein Jahr und drei Monate hinter Gittern verbracht hat – im Grunde genommen chemisch immer noch derselbe Jehaziel Green und kein bisschen weniger gemein, selbstsüchtig und gewissenlos als damals, als er Pinkertown geriebenen Zucker, verdünnte Melasse und lauwarme Milch verteilte, als er die Armen der Gemeinde brüskierte und verhungern ließ, den überladenen Spendenkasten in der Sakristei der Kirche leerte und die dicken Briefe im Postamt öffnete.

Äußerlich ist er tatsächlich etwas verändert, denn in Pinkertown war sein Alltagsanzug aus feinem schottischen Tweed und seine Sonntagskleidung aus schwarzem Wolltuch; hier hingegen ist seine weltliche und seine Sabbatkleidung nicht nur ein und dieselbe, sondern (seltsame Einbildung!) mehrfarbig, rot, gelb und blau! Außerhalb des Gefängnisses beeinflusst die Kleidung eines Mannes *mehr* oder weniger seinen Anspruch auf Wohlwollen. Hinter Gittern gilt ein weniger oberflächlicher Standard. Die elegante Kleidungskunst wurde auf demokratische Einfachheit reduziert.

Denn was sagt „der Vorstand"? „Die Kleidung des Sträflings muss so beschaffen sein, dass sie *ihn warm hält*."

Sie sollen, das sei angemerkt, weder seinem verrückten Geschmack dienen noch seinen persönlichen Stolz verwöhnen. Ihr einziger Zweck ist, „ihn warm zu halten". Nachdem die ehrenwerten Kommissare die Gefängnistoilette so definiert haben, fügen sie – als ethischen Nachgedanken – hinzu: „Sie sollten so angeordnet sein, dass sie als Mittel zur Bestrafung betrachtet werden können." Diese scheinbar originelle Auffassung über die Verwendung von Kleidung bei Strafen ist jedoch nicht ausschließlich „dem Ausschuss" vorbehalten, da außerhalb von Gefängniskreisen Männerkleidung oft „so angeordnet" wird, dass sie „als Mittel zur Bestrafung betrachtet werden kann". Wie dem auch sei, Jehaziel Green, der sich selbst treu bleibt, ist in Rot, Gelb und Blau nicht weniger Jehaziel als in Grau oder Schwarz.

Im Gefängnis ist Geld zwangsläufig knapp; dennoch wird – unter der Hand – immer viel getauscht. Mr. Green verbirgt seine Leistungen in der Schreinerei des Gefängnisses und lockert den öden Alltag auf, indem er sich lebhaft diesem besonderen Geschäft widmet.

Er stiehlt Plüschstücke, Damast, Rosenholz und schwarze Walnuss und stiehlt Lack und Leim und tauscht diese Waren – die bei findigen Mithäftlingen für eingelegte Schachteln, Bilderrahmen usw. heiß begehrt sind – gegen Obst, Tabak und andere begehrte Luxusgüter ein. Im Laufe der Zeit dämmert dem wachsamen Geist des ehemaligen Postmeisters die einzigartige Idee, hinter Gittern ein „Spirituosengeschäft" zu eröffnen. Um dieses kühne Vorhaben voranzutreiben, entzieht er von Zeit zu Zeit kleine Mengen des Alkohols, den er in seinem Laden für Kabinettszwecke verwendet, bis er durch unermüdliche Anstrengungen genug von dieser feurigen Flüssigkeit gestohlen hat, um sich ein Geschäft aufzubauen. Unter diesen Umständen ist Mr. Green gezwungen, die Geschäfte durch einen Bevollmächtigten abzuwickeln, und Patrick Doniver, der zu seinem alleinigen Vertreter ernannt wurde, ist heute Abend „für die Firma unterwegs".

Man darf nicht annehmen, dass unser uneigennütziger Bote ein bezahlter Agent des Hauses Green ist. Ganz im Gegenteil! Diese riskante

Dienstleistung wird nicht für schnöden Mammon übernommen; es ist nur eine unentgeltliche, freundliche Dienstleistung von Mr. Doniver, boshaft genug, um sie zu ihrer eigenen Befriedigung zu übernehmen – und ihr Genuss wird noch durch die gutmütige Überlegung gesteigert, dass „ein bisschen Krathur ihnen eine furchtbare Wärme verleiht – den armen Säcken!" Und eine schrecklich warme Wärme, sagen wir, würde solch ein heißer „Krathur" verleihen! Aber Pat ist uns zuvorgekommen; denn er ist sich durchaus bewusst, dass er keine Salamander versorgt, und denkt nicht im Traum daran, Mr. Greens Kunden einer „Feuerprobe" auszusetzen. Er verdünnt seinen Alkohol sorgfältig mit ungiftigem Wasser, würzt ihn mit Pfefferminzessenz – das er aus einer Heilzuteilung gegen Magenschmerzen aufgespart hat –, süßt ihn mit Melasse und gibt einen Schluck Essig aus seiner privaten Flasche hinzu. So entsteht eine Mischung, die zwar nicht köstlich, aber zweifellos einzigartig ist.

Nachdem er bereits mehrere Quarts dieses leicht berauschenden Getränks getrunken hat, verabreicht sich Pat, der sich von seinen letzten Schlaganfallsymptomen erholt hat, vorsichtig den Rest dieses seltenen „Hahns" als Beruhigungsmittel, trinkt mit vielen schiefen Gesichtern seine Blechtasse bis zur bitteren Neige und legt sich zur Ruhe. Am nächsten Morgen dürfen sich mehrere neue Patienten im Krankenhaus melden, und es wird befürchtet, dass im Gefängnis eine unbekannte Epidemie ausbrechen könnte. Etwa ein halbes Dutzend Sträflinge wurden unerklärlicherweise von schwerem Erbrechen heimgesucht, gefolgt von extremer Mattigkeit und starkem Ekel vor Essen. Pat Doniver ist einer von ihnen und soll sehr krank sein. Diese verwirrenden Fälle werden von dem verwirrten Arzt energisch behandelt, und die Patienten erholen sich schnell, indem sie seinen wechselhaften Rezepten nachgeben, und die Angst lässt nach. Das gilt auch für das Geschäft mit dem Alkohol im Gefängnis.

Der Rest dieser feurigen Sendung – unter großer Angst und Zittern in den innersten Winkeln von Mr. Donivers Strohmatratze gelagert – wird bei der nächsten Gelegenheit der „Firma" übergeben; Pat – der für diesen Anlass ein altes Sprichwort umsetzt – bemerkt gegenüber seinem Arbeitgeber mit Bedacht: „Das ist eine armselige *Brühe* , die der eigene *Koch* nicht trinken kann!"

Jehaziel Green – unempfindlich gegenüber den „süßen Seiten des Unglücks" – stahl und tauschte bis zum Ende seiner Gefängniszeit. Dann wanderte er in den fernen Westen aus, wurde ein wohlhabender Lebensmittelgroßhändler und soll *für* den Kongress kandidiert haben. („Warum", fragte der ländliche Beobachter, „kommen die *kleinen* Schurken ins Gefängnis und die *großen* in den Kongress?")

Nachdem er seine fünfjährige Dienstzeit abgesessen hatte, hatte Pat Doniver das Glück, erneut als Kutscher eingestellt zu werden. Und nach seiner wilden Schlittenfahrt lebte er für immer als weiserer und nüchternerer Mensch.

ERSCHÖPFT.

H. IRAM FISHER war „lebenslang" im Gefängnis und hatte bereits zwanzig Jahre dieser hoffnungslosen Haftstrafe abgesessen, als ich ihn kennenlernte. Von seinen Vorfahren – einer langen Reihe von Fischern aus Cape Cod – hat Hiram einen unerschöpflichen Vorrat an Gutmütigkeit, einen gut gebauten Körperbau, die Muskeln eines Ochsen und eine solche Vitalität geerbt, dass selbst zwanzig Jahre schlechter Luft, karger Ernährung und ermüdender Monotonie seinen Halt am Leben nicht merklich gelockert haben. In den letzten zehn Jahren seiner Haftstrafe war er ein „Läufer" im Gefängnis, die rechte Hand des Direktors, der von untergeordneten Beamten hochgeschätzte, der allgemeine Liebling der Sträflinge und Hauptsänger im Kapellenchor; und in all dieser Zeit hatte er nie eine Regel des Gefängnisses gebrochen! Ein Sträfling *konnte* nicht mehr; ein Engel *hätte vielleicht* weniger erreicht!

Durch welchen geheimnisvollen Prozess aus einem scheinbar so undurchführbaren Material ein Mörder geschaffen wurde – aus einem Mann, von dem man vernünftigerweise vorhersagen konnte, dass er nicht einmal aus böser Absicht eine Fliege töten würde –, mögen uns die Weisen sagen; das Rätsel übersteigt bei weitem meine mangelhafte Belesenheit. Trotzdem war Hiram Fisher wegen Mordes und vorsätzlichen Mordes verurteilt worden. Die Einzelheiten seines Verbrechens hätte jeder geschwätzige Gefängnisbeamte auf Nachfrage erfahren können, doch ich war zu wenig neugierig, um danach zu fragen.

Wenn „Unfälle" – wie das Sprichwort sagt – „auch in den *besten* Familien passieren", können die Schlimmsten nicht davonkommen; und eines Tages stürzte Hiram durch einen unglücklichen Fehltritt auf der Eisentreppe des Gefängnisses, und hätte das Schicksal es so gewollt, hätte er sich das Genick gebrochen. Tatsächlich wurde er bewusstlos und mit vielen Prellungen am Körper im Korridor aufgelesen und zur Heilung ins Gefängniskrankenhaus gebracht; und dort wurden wir enge Freunde. Um die Langeweile des langen Liegens mit einem Bein, das unbeweglich in Gips eingehüllt war, zu lindern, unternahm ich, nur zu Hirams Wohl, die Lektüre eines Weihnachtslieds von Dickens, das bei den Rekonvaleszenten, die sich zur wöchentlichen Krankenhauslesung um den Ofen versammelt hatten, großen Anklang gefunden hatte.

Bevor ich die ersten sechs Seiten gelesen hatte, wurde mir klar, dass Hiram, obwohl er wie die meisten Neuenglander seiner Klasse einigermaßen mit den drei Rs vertraut war, für Literatur jeglicher Art nichts zu gebrauchen hatte. Ich ging halbherzig bis zum bitteren Ende weiter und beschloss, mich, nachdem ich das Buch zu seiner offensichtlichen Erleichterung geschlossen hatte, bei meinem anschließenden Gespräch mit dem Patienten strikt auf Konversation zu beschränken. Danach wechselten wir die Plätze. Hiram hielt eine Rede, und ich wurde zum sehr unterhaltenen Zuhörer. Mit jener unbeschwerten, dem geborenen Seemann innewohnenden Geschicklichkeit, Geschichten zu erzählen, spulte der Patient mir eine so endlose Reihe von Vorfällen, Anekdoten und rührenden Abenteuern außerhalb des Gefängnisses herunter, mit so seltenen und gewagten Skizzen des Gefängnislebens, dass meine Montage (Montag war für mich Krankenhaustag) während seiner gesamten Genesung wie eine ununterbrochene Reihe von „Tausendundeiner Nacht" wurden.

Besonders hervorzuheben ist die folgende kleine Skizze von Hirams Krankenhausaufführungen, die ich (soweit möglich aus dem Gedächtnis) in seinem eigenen eigentümlichen und einfachen Dialekt wiederzugeben versucht habe.

DER ERSCHÖPFTE MANN.

"Nun, nachdem ich ungefähr zehn Jahre im 'Palast' [1] war , bekam ich einen kleinen Schnupfen, und der Arzt untersuchte mich und schickte mich für eine Weile ins Krankenhaus. Ich war nicht so krank, dass ich das Bett nicht mehr verlassen konnte, also saß ich tagsüber in dem großen Zimmer um den Ofen herum, zusammen mit einem halben Dutzend Kameraden, denen es ähnlich ging.

[1] Die Haftstrafe des Verurteilten.

„Es war Winterwetter und außerdem furchtbar kalt, das kann ich Ihnen *sagen* ! Wir hatten keine Zeit zum Reden, was natürlich in Ordnung war, obwohl ich sagen muss, dass es verdammt schwer ist, den ganzen Tag neben den Leuten zu sitzen, ohne den Kopf zu öffnen. Aber wir hatten jedenfalls keine Augen verbunden und auch keine Ohren zugehalten.

„Also, während ich da so stumpfsinnig wie eine Schlampe war und vor allem wie der Mann in der Bibel, der einen stummen Teufel hatte, begriff ich natürlich, was in den meisten Teilen des Gebäudes vor sich ging. Nun, ungefähr zu dieser Zeit hatten wir einen neuen Kaplan im Palast, und ein mittelmäßig guter Christ war er, würde ich sagen; und da er ein nagelneuer Besen war, fegte er natürlich sauberer als der alte. Der *alte* Kaplan war ein Meister im Beten und so ähnlich.

„Na, ihn für dieses Gebet beten zu hören, würde einem das Herz zum Schmelzen bringen! Und seine Predigten, muss ich sagen, waren wunderschön! Danach schien er fast erschöpft zu sein, und an den Wochentagen mussten wir uns hauptsächlich um unsere eigenen Seelen kümmern. Nun, der neue Kaplan, wissen Sie, *war* anders. Er glaubte daran, die ganze Zeit über Dampf abzulassen, also besuchte er die Männer in ihren

Zellen und versuchte, sie die ganze Woche über auf das Königreich ausgerichtet zu halten.

„Er war auch sehr gut zu den Kranken, und es gab keinen Mann in diesem Krankenhaus, der so schlecht war, dass er ihm nicht einen Gefallen getan hätte. Und abgesehen davon, dass er Briefe für die Männer schrieb (was nicht mehr ist, als von ihm erwartet wird), pflegte er kleine Aufträge für sie draußen zu erledigen, wie zum Beispiel nach ihren Kindern zu sehen oder ihre Verwandten aufzuspüren, wenn sie zufällig den Lauf zu ihnen verloren hatten. Ich hörte eines Tages, wie der Direktor zu einem der Inspektoren sagte: ‚Unser Kaplan ist zu gutherzig, er wird sich verausgaben.‘ Ich dachte mir: ‚Nein, das wird er nicht, darauf können Sie *wetten* ! Denn nach einer Weile wird er wie alle anderen hier gefühllos.‘ Ein Gefängnis, wissen Sie, ist ein großartiger Ort, um Leute gefühllos zu machen. Aber ich greife meiner Geschichte vor.

„Also, eines Tages saß ich da am Ofen, blinzelte umher und hatte beide Ohren offen, und da sah ich den neuen Kaplan hereinkommen. Er schüttelte uns Jungs im großen Zimmer die Hand, und dann ging er durch alle Zellen und sprach mit den Patienten. Ich sah ihn in Nummer – schauen; das Bett war blitzblank gemacht und keine Spur von irgendwem darin, also ging er weg und setzte sich auf die andere Seite des Zimmers, um mit dem Krankenhausleiter zu sprechen.

„Ich behielt die Zelle im Auge, denn ich wusste, dass an diesem Morgen ein Kerl heraufgebracht worden war, und wenn ich mich nicht sehr täuschte, war er in Nr. – gesteckt worden. Nun, nebenbei bemerkt, sah ich etwas in der hintersten Ecke von Nr. – und bald ging es los.

„Herrgott noch mal! Wie hätte ich geschrien, wenn ich es gewagt hätte, als dieses Geschöpf auf seinen zwei Beinen stand und auf Zehenspitzen ins Licht ging, der Abkömmling eines dieser kleinen Gespenster, von denen meine Oma immer erzählt hat! Ich würde sagen, er war in seinen Schuhen nicht größer als 1,30 Meter, und da er ziemlich gebeugt war, sah er nicht annähernd so groß aus, wie er war; und solche Augen habe ich noch nie *in* einem Männerkopf gesehen! Schwarz wie Kohlen und hell wie Perlen; und so ein sehnsüchtiger Blick, ganz tief in ihnen, als ob er seit der Flut nach etwas gesucht hätte, das er wollte, und es noch nicht gefunden hätte und weder in dieser noch in der anderen Welt damit rechnete, es zu finden!

„Nun, er sah sich eine Weile um, ganz verschreckt, und dann schlich er sich in den Gang und kam die Treppe hinunter, und nachdem er eine Minute lang gemerkt hatte, ging er direkt auf den Kaplan zu und klopfte ihm auf die Schulter. Der Kaplan drehte sich um, und ganz verschreckte er, und dann sagte er zum Aufseher: ‚Was ist mit diesem armen Kerl los?‘, sagte er. Bevor er antworten konnte, trat der kleine Kerl vor und sagte: ‚Doktor, geben Sie *mir nichts* von Ihrem Medizinprodukt, bewahren Sie es für *die anderen auf*. Das Zeug vom Arzt wird *mir* nichts nützen. *Ich bin völlig erschöpft!* '

„Der Oberarzt drehte sich nach vorne, warf dem Kaplan einen Seitenblick zu und sagte: ‚Ah, ja, ich verstehe!' Und dann, um das arme Geschöpf zu beruhigen, drehte er sich so freundlich wie möglich zu ihm um und sagte: ‚Sie verstehen mich falsch, mein Freund, ich bin nicht der Arzt, aber trotzdem bin ich hergekommen, um Ihnen zu helfen, und was kann ich heute für Sie tun?' Der kleine Kerl sah ihn eine Minute lang an, etwas bekümmert, und dann seufzte er und schüttelte den Kopf und sagte: ‚Medizin nützt nichts , ich bin *erschöpft* !' ‚Aber vielleicht kann ich jetzt draußen etwas für Sie tun', sagte der Kaplan. Ist da nicht jemand, von dem Sie jetzt gerne Besuch hätten?', sagte er.

„‚Draußen? – *draußen?* ', sagt der kleine Mann und legt seine dürre Hand an seine Vorderseite, als ob er sich an etwas erinnern wollte, aber ums Verrecken nicht könnte. ‚Draußen – *draußen* ? Sag mal, ist es *jetzt da* ? Ich hätte es aber nicht gedacht; ich habe nichts davon gehört, seit – seit – als er seine dürren Finger zählte und wieder seine Vorderseite rieb – seit fünfzehn Jahren!

„ *Draußen, was?* Und ist Deely jetzt da? Sie war ein hübsches Mädchen, als ich sie heiratete. Ich habe die Welt durch Deely bestimmt! Mal sehen; sie ging nach Kalifornien, Deely auch. Ich frage mich, ob sie schon dort angekommen ist? Ich habe seit fünfzehn Jahren kein Wort mehr von ihr gehört. Aber Benjy weiß alles über sie. Benjy ist mein erster Cousin, Doktor. Er sagte, er würde kommen und mich besuchen, aber er ist noch nicht gekommen. Er ist beschäftigt, nehme ich an, und hat keine Zeit." Und nachdem er ein wenig in seiner Brusttasche herumgekramt hatte, zog er einen schmutzigen Zettel mit einer Schrift darauf hervor und gab ihn dem Kaplan. Er sagte: „ *Da* wohnt Benjy, Doktor. Er sagte, er würde mich besuchen und mir von *ihr erzählen* . Und ich habe fünfzehn Jahre gewartet, Doktor, und in all der Zeit habe ich kein Wort von Deely gehört! Vielleicht", sagte er und sah dem Kaplan voller Sehnsucht ins Gesicht, „vielleicht würden Sie irgendwann einmal zu Benjy gehen *und* ihn fragen, ob er jemals etwas von Deely gehört hat, seit sie nach Kalifornien aufgebrochen ist. Fünfzehn Jahre sind eine lange Wartezeit", sagte er und stieß einen weiteren Seufzer aus, „und ich bin völlig erschöpft . " Ich sah eine Träne auf die weiße Krawatte des Kaplans fallen und sagte mir: „Er denkt an seine *eigene* Frau" (eine hübsche, muntere kleine Dame war sie außerdem – ich sah sie eines Tages in der Kapelle), und ich sagte: „ *Er wird gehen!* "

„Nun, der Hausmeister sagte dem kleinen, erschöpften Geschöpf, es solle in seine Zelle zurückgehen. Also kroch er mäuschenstill zurück. Er legte sich nicht hin, solange ich ihn beobachtete. Er schlich sich in eine Ecke und kauerte sich auf den Boden, als ob er versuchen würde, sich zu einem festen

Knoten zu verknoten, und dort blieb er liegen, still wie ein betäubtes Ebenbild. Danach hörte ich, wie der Hausmeister dem Kaplan erzählte, der Mann sei an manchen Stellen verrückt gewesen und sei heraufgekommen, um deswegen behandelt zu werden.

„Sein Name", sagt er, „ist David Sweeney. Er ist Amerikaner und seit zwanzig Jahren in Straßenraub verwickelt. Kein Sterblicher weiß, wie er dazu kam", sagt er, „denn er hatte ein gutes Geschäft und viel Arbeit darin und hatte immer einen guten Ruf, und erst drei Monate zuvor hatte er genau das Mädchen geheiratet, das er wollte, Delia White, so hübsch wie eine Rose und so schlau wie eine Stahlfalle. Einige Leute dachten, *sie* könnte ganz unten gewesen sein, denn sie war ein tolles Mädchen und liebte Krimskrams, und er hätte sich die rechte Hand abgeschnitten, um ihr zu gefallen. Ich würde sagen, sie war jedenfalls ein schlechtes Geschäft, denn er hat sie nie wieder gesehen, seit er ins Gefängnis kam. Ich erinnere mich, dass die Leute den armen Kerl damals sehr bemitleidet haben, denn er war jung und dies war sein erstes Vergehen; aber Straßenraub ist schlimm „Ein Geschäft", sagt er, „und wenn ein Mann *bereit ist* , es zu tun, warum soll er dann die Konsequenzen tragen, sage *ich* ." Am nächsten Nachmittag kam der Kaplan wieder ins Krankenhaus, ging hinein und unterhielt sich eine Weile mit dem kleinen, erschöpften Mann. Ich konnte nicht hören, was er sagte, aber später hörte ich, wie er dem Verwalter erzählte, er habe den „ersten Cousin" aufgespürt, der, so gut er konnte, vor fünfzehn Jahren einen Lebensmittelladen in der Cambridge Street betrieb; aber er war vor Jahren mit Sack und Pack nach Vermont gezogen, und niemand hatte dort seither ein Lispeln von ihm gehört. Nun, am nächsten Tag wurde Deelys Ehemann wild wie ein Falke und musste in seine Zelle gesperrt werden, und bevor er wieder frei herumlaufen konnte, war ich aufgewacht und zu Boden gegangen. Und ich war auch ziemlich erfreut, das kann ich Ihnen sagen, denn der Direktor gab mir einen Platz als Laufbursche, und das ist nicht zu verachten. Nun, ich würde sagen, es waren nicht mehr als sechs Monate später, als es schon lange Abend war, wurde ich in die dritte Reihe des Nordflügels geschickt, um ein paar Äpfel zu lagern, die einer der Ausbilder für einen Gefangenen aus seinem Laden mitgebracht hatte. Als ich zur richtigen Tür kam, wollte ich sie gerade durch den Rost reichen, aber da ich niemanden sah, hustete ich, um den Kerl wissen zu lassen, dass ich da war; und als ich dann ein Rascheln auf dem Bett hörte, spähte ich hinein, und da war, so sicher wie das Amen in der Kirche, der kleine „erschöpfte" Mann, in denselben alten harten Knoten gefesselt und mit demselben alten, einsamen, sehnsüchtigen Ausdruck auf seinem runzligen kleinen Gesicht! Als er mich hörte, stand er auf und kam nach vorne, und als ich ihm die Äpfel gab, wurde er einen Moment lang munter, aber bevor ich mich umdrehen konnte, ließ er sich wieder aufs Bett fallen, so trübselig wie zuvor, und als ich wegging, hörte ich ihn vor sich hin stöhnen: „O Herr! O Herr! Erschöpft! Erschöpft!"

„Danach sah ich ihn ab und zu ziemlich gut, und irgendwie schien er mich zu mögen, und wir wurden ziemlich gute Freunde. Er war jetzt noch nicht ganz aus dem Häuschen, aber ungewöhnlich trübselig, und erfreute sich, wie ich nach seinem Aussehen urteilen kann, einer ziemlich schlechten Gesundheit, obwohl er sich bei niemandem beschwerte. Eines Nachts, kurz vor Weihnachten, wurde ich auf irgendeine Weise unter seine Fittiche genommen, und als ich langsam an seiner Tür vorbeiging, sah ich, wie er mir zuwinkte. Ich wollte eigentlich nicht gegen die Regeln verstoßen, aber ich denke, ich würde niemanden verletzen, wenn ich eine Minute stehenbleibe und nur ein Wort zu diesem armen Geschöpf sage. Also sah ich mich scharf um, und da mich niemand bemerkte, ging ich zum Gitter, schüttelte ihm die Hand und sagte: ‚Ich hoffe, ich sehe dich wohlauf.' Sweeney.' Er sagte: ‚Nein, nicht *sehr* gut, Hiram, und hier ist mein goldener Ring', sagte er, ‚und ich möchte, dass du ihn für mich bewahrst. Ich werde ihn eine Zeit lang nicht brauchen.' Also steckte er mir den Ring an den kleinen Finger meiner linken Hand, und er drückte ihn ganz fest. Es war ein echter goldener Ring aus Guinny, mit zwei Herzen und einem eingeschnittenen ‚D'. Er war an diesem Abend kein bisschen schüchtern, aber was für einen traurigen Blick er mir zuwarf, als er mir den Ring an den Finger steckte, hat man noch nie *gesehen*. Und dann schüttelte er mir wieder die Hand und sagte: ‚Wie schrecklich lang diese Nächte sind, Hiram. Aber nach Weihnachten werden sie kürzer, nicht wahr? Auf Wiedersehen, Hiram, Gott segne dich!'

„Um es kurz zu machen: Am nächsten Morgen, als die Männer gerade aus dem Dienst gerufen wurden, war ich gerade dabei, im Büro des Direktors alles in Ordnung zu bringen, als er in großer Aufregung hereingerannt kam und zu dem Stellvertreter sagte: ‚Sweeney ist vom dritten Korridor gefallen, und ich schätze, er ist fast erledigt. Er ist wach', sagte er, ‚im Krankenhaus. Schicken Sie so schnell wie möglich nach dem Arzt und auch nach dem Staatsanwalt.' Ich war furchtbar aufgeregt, aber irgendwie schaffte ich meine Arbeit und ging dann hinein, um den Gang zu säubern. Als ich dort einige Blutflecken sah, wusste ich, was *das* bedeutete. Später hörte ich, wie der Gefängnisdirektor und der Kaplan darüber sprachen, und soweit ich es erfahren konnte, sprach der kleine „erschöpfte" Mann mit niemandem mehr, nachdem sie ihn festgenommen hatten, obwohl er noch eine halbe Stunde lebte. Die Staatsanwälte begruben ihn und verurteilten ihn zu einem „ *Tod durch Unfall* ", aber *ich* hatte seinen goldenen Ring an meinem Finger und wusste alles über *Deely*. „Und", sagte ich mir, „manche Unfälle haben *ihren* Zweck , schätze ich!"

„Der nächste Tag war Freitag, und ein Kerl, der Besuch von seiner Schwester bekommen hatte, kam vorbei und fühlte sich richtig gut gelaunt, mit einem großen Bogen in der Faust. Er holte eine Gewürznelke und ein paar Zweige

Rosengeranie heraus und gab sie mir, und weil ich dachte, sie könnten mir helfen, legte ich sie in einer Flasche Wasser beiseite.

„Also, am Vormittag musste ich einen Lastwagen zum Krankenhaus fahren und nahm mein kleines Sträußchen mit. Da stand der Sarg, fertig für Tewksbury, denn der Direktor war an diesem Tag weg und sie wollten keine Totenwache halten, wie es die meisten tun. Ich fragte den Oberaufseher, ob ich mir die Leiche ansehen dürfte, und er sagte: ‚Sicher, Hiram‘, und er trat an den Sarg heran und hob den vorderen Kiver hoch, und meine Güte! Wenn ich nicht fertig wäre! Da lag der kleine ‚erschöpfte‘ Mann, so lächelnd wie ein Korb voller Pommes!

„Ich glaube, ich war ziemlich verblüfft, denn der Oberaufseher sagte zu mir: ‚Sieht er für Sie nicht natürlich aus, Hiram?‘ ‚Natürlich, Sir?‘, sagte ich und war *zufrieden* ! Ich hätte ihn nie gekannt, wenn ich ihn woanders getroffen hätte!‘ Nun, der Oberaufseher lächelte freundlich und ging weg, und ich blieb eine Minute oder so stehen, sah mir die Leiche an und dachte nach; und ich sagte mir: ‚Wir wissen *sowieso sehr wenig über die andere Welt* . Die Schreiber, sage ich, *sagen* , dass es nach dem Tod weder Spaß noch Freude gibt. Wie auch immer, sagte ich, ‚ich werde mein Gewürznelke und meine Geranienzweige in den Sarg legen.‘“ Und das tat ich. Und dann zog ich den goldenen Ring mit den zwei Herzen und dem „D“ darin ab. „Doch“, sagte ich, „obwohl ich Scripter nicht unbedingt widersprechen werde, bin ich mir ziemlich sicher, dass Sweeney nicht so *lächelnd hier liegen* würde, wenn er nicht irgendwie in der anderen Welt von Deely erfahren hätte.“ Also steckte ich ihm den Ring auf seinen steifen, steifen Finger, und als ich den Sarg zuklappte und wegging, dachte ich fast, ich hätte ihn laut loslachen hören.“

EIN GEFÄNGNISKIND.

In , in dem die meisten Kinder zärtlich in die Watte häuslicher Abgeschiedenheit gehüllt werden, war dieses goldhaarige Kleinkind, die Tochter des Gefängnisdirektors, ein mutterloses kleines Wesen, der sorglosen Gefangenschaft eines vielbeschäftigten Dienstmädchens entkommen und zu einer vergleichsweise öffentlichen Person geworden. Es war kein privates Baby mehr, sondern wurde stillschweigend von einer ganzen Gefängnisgemeinschaft vereinnahmt.

Sie machte ihre „Spaziergänge" in der geräumigen Wache, lief auf winzigen, ziellosen Füßen nach rechts und links und spähte neugierig auf und ab und um sich herum. Mit kindlichem Staunen (sie selbst war „der Blickfang der Augen der Nachbarn") spähte sie durch hohe Eisengitter in geheimnisvolle Korridore mit ihren endlosen Reihen dunkler Zellen; auf schwindelerregende Treppen aus Eisen, auf denen – mit dem Kochtopf in der Hand – lustlose Männer Tag für Tag denselben mühsamen Weg beschritten. Noch aufmerksamer blickte sie in das wechselnde Panorama menschlicher Gesichter, das sich immer wieder vor ihrem unschuldigen Blick entfaltete. Gesichter von Gefängnisbesuchern, Gefängniswärtern und Ausbildern; Gesichter dieser bunten Menge hinter den Gittern; Gesichter, hart und böse, rücksichtslos und trotzig, eingeschüchtert und mürrisch oder traurig, beschämt und verlassen; doch keiner von ihnen wandte sich missbilligend ihr zu, dem Gefängniskind, dem einzigen Sonnenstrahl, der einzigen reinen und schönen Präsenz an diesem verrufenen, unschönen Ort! Sträflingsväter, die sich nach Babygesichtern sehnten, die ihnen durch ihre eigene unelegante Torheit und ihr Verbrechen entgangen waren, erhaschten einen flüchtigen Blick auf das goldene Haupt und ein entferntes Flattern des weißen Babykleids und waren für den Augenblick froh und gesegnet.

Obwohl sie im Großen und Ganzen leichten Herzens war – wie alle jungen Geschöpfe, die den ersten süßen Wein ihres Lebens trinken – war die kleine Mabel nicht ganz wie die Kinder draußen, die reine Luft atmen und nie das Elend dieser „schwarzen Blume der Zivilisation", eines Verbrechergefängnisses, erlebt haben. Wenn sie hinter dem Gitter des Wachraums in harte, verzweifelte Augen blickte, füllten sich ihre eigenen manchmal mit plötzlichen Tränen; und die geschmeidige junge Gestalt folgte in stumpfer Prozession den Schritten lustloser, freudloser Füße und verlangsamte sich mit ihren federnden Schritten oft instinktiv zu einem mitfühlenden Rhythmus.

Doch als sie in der Gunst Gottes und des Gefangenen gewachsen war, hatte Königin May, nun eine gesetzte Jungfrau von fünf Sommern, den alten Peter Floome, den Gefängnisläufer und ihr *selbstgewähltes* Kindermädchen, ihren königlichen Wünschen überredet; als er sie stolz in seine Arme hob, durfte sie leibhaftig den Gefängnishof betreten, diese bis dahin unerforschte Region – um wie eine Königin durch die gesamte Runde der Werkstätten zu schreiten – und dabei nach rechts und links gnädige Lächeln und scharf riechende Checkerberry-Pastillen zu verstreuen, die sie für diesen großen Anlass aufgespart hatte; als sie triumphierend in die unterirdische Gefängnisküche getragen wurde, um dort behutsam zwischen so vielen Köchen in Schürzen herumgereicht zu werden, wie sie „Old King Cole" in seiner fröhlichsten Zeit hätten bedienen können, und wurde von Lippen gekaut und geküsst – die vermutlich moralisch nicht die reinsten waren – doch was kümmerte das das kritiklose Kind schon? Der Sträfling war wie „Cathleens graubraune Kuh", „obwohl er böse war, *sanft* zu *ihr* "; – und so überstiegen die Herrlichkeit des Anlasses und Peter Floomes Stolz auf sein geliebtes Kindermädchen alle Worte!

An dieser Stelle sei erwähnt, dass die kleine Tochter von Gefängnisdirektor Flint im Gefängnis einen weitaus geeigneteren Freund hatte als diesen hirnrissigen Sträfling Peter Floome.

Er war Gefängniswärter, nämlich der bekannte Schließer, der die Türen zur Wache bewacht. Sein nicht allzu wohlklingender Name war Timothy Tucker, und obwohl er ein Junggeselle von fünfzig Jahren war und eine wahre Wichtin darin, eine Tür zu halten, war das Herz des Schließers für kleine Vögel und kleine Kinder wie Wachs.

Bald nach seiner Einsetzung in die Wache ließ er mit der widerwilligen Erlaubnis des Direktors Flint fünf kleine Vogelkäfige hoch oben in das große Fenster hängen. Darin saßen drei gelbe Kanarienvögel, ein Java-Spatz und ein zierliches Paar Turteltauben, alles optimistische Geschöpfe, die –

> „Schaue weder nach vorn noch nach hinten,
> noch schmachte nach dem, was nicht ist" –

hüpfte so zufrieden oder sang so begeistert, als wäre das Gefängnis tatsächlich (wie es im Sträflingsjargon heißt) „der Palast". Was das Gefängniskind anging, so hatte es von der ersten Stunde ihres Erscheinens im Wachraum an das empfängliche Herz des Schließers erobert. Seine „kleine Blossom" hatte er sie genannt, und als sie ihm später die hübsche Abkürzung ihres Namens verriet, war er es, der die beiden bezaubernden Wörter miteinander verband und so den „Gefängnisnamen" der Tochter des Gefängnisdirektors schuf: May-blossom. Selten war der freundliche, kinderliebende Schließer zu beschäftigt, um die kleinen, wackeligen Füße über den Boden des Wachraums zu steuern; um sie hoch in seinen Armen zu halten, um „die Vögelchen zu beobachten" oder um sie in schwindelerregender Freude auf ihren Lieblingsplatz zu heben, seinen hohen Schreibtisch am hinteren Fenster, von wo aus er das faszinierende Treiben im Gefängnishof beherrschte. Und als sie sich vom plappernden Kleinkind zum redseligen, neugierigen Kind entwickelt hatte, war er es, der ihren tausendundeiner Frage stets ein offenes Ohr schenkte.

sind jetzt echt kurios", sagte Mr. Tucker zu seiner Wirtin, als er abends seine Pfeife rauchte, "sie schlagen Vögel, ganz laut! Da ist die Maiblume, erst sechs Jahre alt, und manchmal sticht sie *mich , das tut sie* , und daran besteht kein Zweifel!"

Der Gedankengang, der zu diesen freimütigen Bemerkungen führte, war im Kopf des guten Schließers durch die Erinnerung an einen kürzlichen theologischen Streit mit diesem scharfsinnigen kleinen Wesen in Gang gesetzt worden, bei dem er (um seine eigenen eindringlichen Worte zu verwenden) „verdammt geschlagen worden war". Dieser angehende Freireligiöse bestand darauf, dass man ihm sagte: „Warum, wenn Gott, *ganz gewiss* , alle liebte und größer und stärker und so viel besser war als *andere* Leute, hinderte er die Menschen nicht daran, schlecht zu sein, sodass sie ins Gefängnis gesteckt werden mussten, ohne kleine Kinder zum Küssen, Kätzchen zum Spielen, Erdbeeren und Kuchen und Essen?" Ach, kleine Seele! Zu schnell verwirrt von dem alten Rätsel; warum *tut er es nicht* – warum, in der Tat! Jung und Alt, weise und einfach, wir raten alle gemeinsam; und kein Mensch löst das uralte Rätsel!

Peter Floome – als der Gefängniskaplan seine nicht allzu achtsame Herde an einem Sonntag ermahnte, sich fromm auf die göttliche Fürsorge zu verlassen – pflegte seine eigenen abfälligen Bemerkungen über die gut gemeinten, aber oft unzutreffenden Reden zu machen. „Es ist nicht ein Körnchen nützlich" (sagte dieser freiwillige Kritiker zu seinen Mitgefangenen), „dass der Kaplan *hier* mit der Vorsehung und so prahlt. Höchstwahrscheinlich *ist der Allmächtige* mehr oder weniger damit beschäftigt, sich um die Dinge zu kümmern; aber natürlich übernimmt der Teufel die Kontrolle über die Gefängnisse und führt sie ganz nach seinem eigenen Willen."

Peter hatte gut zwanzig Jahre im Gefängnis verbracht, seine Erfahrung zählte also zweifellos. Seine Äußerungen waren jedoch mit jener Vorsicht zu genießen, mit der man die Aussage des „Spinners" klugerweise relativiert; denn obwohl er im Großen und Ganzen geistig gesund war, hatte Peter Floomes Gehirn durch die lange Haft und viele hoffnungslose Überlegungen eine entschieden pessimistische Wendung genommen, und in Gefängniskreisen wurde er einstimmig als „Spinner" bezeichnet. Erst nach dem Tod von Gefängnisdirektor Flints Frau wurde Peters Theologie etwas optimistischer, denn damals fiel die einjährige Tochter des

Gefängnisdirektors mit stillschweigender Zustimmung aller, die es betraf, seiner besonderen Obhut an.

In seiner Funktion als Bote hatte Peter vergleichsweise die Freiheit des Gefängnisses und wurde speziell für den Dienst im Haushalt des Gefängnisdirektors abkommandiert. Das Kind – mit der unerklärlichen Wahl seiner Lieblinge, die ihrer Art eigen ist – hatte seine Sträflings-Amme sehr ins Herz geschlossen. Es war das plötzliche Aufgehen dieses neuen Sterns am schmalen Horizont des Boten, das ihn zu folgender Ansprache inspirierte: „Wenn der Allmächtige, wie ich schon sagte, nicht nur in Gefängnisse *gesteckt wird , schickt er* selbst wenigstens hin und wieder kleine Engel und so , um den Mut eines Kerls aufrechtzuerhalten."

Peter und sein „kleiner Engel" konnte man jetzt oft zusammen sehen, denn das Kind war ihm dicht auf den Fersen, eines Tages verstohlen durch die Tür des Wachstubes geschlüpft und war so zu einem regelmäßigen *Stammgast* dieses halböffentlichen Raumes geworden.

Zehn Sommer dieses außergewöhnlichen Kinderlebens waren über Maienblütes goldenes Haupt verflogen, als das Schicksal (dieser andere Name für Vorsehung) sie plötzlich in eine viel angenehmere Umgebung versetzte als die, in der ihre süßen jungen Augen dieses vielseitige Leben kennengelernt hatten. Aber um das zu erklären, müssen wir sofort aus dem Gefängnis entkommen.

Hier, am milden Septemberhimmel, ist nicht das kleinste Wölkchen zu sehen. Der Fluss, der von einem frischen Westwind in endlose Wellen geschlagen wird, glänzt wie geschmolzenes Sonnenlicht; und nur wenige Meter von seinem Kieselufer entfernt erblickt man diesen schönen Anblick: ein altes Kolonialgehöft!

Vier Generationen von Parkers haben ihr Leben in diesem alten Haus neben dem Saganock verbracht, das all die Wohlhabenheit (wenn man ein Wort verwenden darf) aufweist, die den Stammhäusern solch begünstigter Kinder von Menschen eigen ist, die viele Jahre lang viel Vermögen angehäuft haben. Und hier, auf der „Veranda", sitzt die Herrin des Hauses – Miss Paulina Parker – in aller Gemütlichkeit nach dem Abendessen. Miss Paulina ist die letzte der Parkers. In ihrem schneeweißen Kleid und der hauchdünnen Haube ist sie heute so zierlich wie ein weißer Schmetterling. Weit und breit ist sie als Lady Bountiful von Saganock bekannt; und eine liebere, schönere alte Jungfer, auf die die Sonne nie schien; und obwohl ihr sechzigster Geburtstag auf den zwanzigsten dieses Monats fällt, würde man sie nicht für älter als fünfundvierzig halten! Der magere, hagere alte Körper, der neben jenem Fenster in der Küchennische schaukelt, ist Harmy Patterson. In den letzten fünfzig Jahren hat Harmy für die Familie Parker gekocht und gespart und hält sich immer noch für in der Blüte ihrer Nützlichkeit. Sie liest ihrer *Kollegin Mandy Ann, dem zweiten Mädchen, den Boston Recorder* vor, die mit offenem Mund die köstlichen Morde, Hochzeiten und Todesfälle verschlingt, die seine Kolumnen würzen. Reuben, der Angestellte, lässt gemächlich mit seinem Rasenmäher am offenen Fenster vorbeifahren und bleibt von Zeit zu Zeit davor stehen, um sich mit einem besonderen Stück Horror zu trösten. Während Miss Paulina in nachdenklicher Träumerei auf Fluss und Himmel blickt und bemerkt, wie auf dem Saganock-Friedhof ein oder zwei Ahornbäume vorzeitig rot geworden sind, steht sie plötzlich vor Harmy Patterson, die Zeitung in der Hand, die Brille über ihren braunen Hut geschoben und die Mützenbänder im Wind flattern. Sie deutet aufgeregt mit ihrem langen Zeigefinger auf eine bestimmte Kolumne ihrer Lieblingszeitschrift und ruft keuchend aus: „Um Himmels willen, Miss Paulina, *das müssen Sie unbedingt lesen!*"

Miss Parker kommt der Bitte der alten Gemeinde umgehend nach und liest aufmerksam Folgendes vor:

Furchtbare Tragödie im Staatsgefängnis!

Als der Direktor des Staatsgefängnisses von Massachusetts heute Morgen seinen Rundgang durch die Läden machte, um dort gegen 10.50 Uhr in der Schuhmacherabteilung war und an der Werkbank vorbeikam, wo ein gewisser Hodges (ein ordnungswidriger Sträfling, der nach wiederholter und schwerer Bestrafung an diesem Morgen in seine Werkstatt eingewiesen worden war) arbeitete, sprang Hodges ihn plötzlich von hinten an, stach mit einem Schuhmesser auf ihn ein und tötete ihn auf der Stelle. Der Mörder wurde sofort gefesselt, schwer gefesselt und zur sicheren Aufbewahrung in den „Lower Arch" gebracht. Die Leiche des unglücklichen Direktors wurde ins Krankenhaus gebracht, ein Leichenbeschauer gerufen und die Inspektoren einberufen. Durch dieses traurige Ereignis verliert eine junge Familie ihre väterliche Unterstützung und das Gefängnis einen lang erprobten und treuen Beamten.

"Meine Güte, Harmy, was für eine traurige Angelegenheit!", ruft der mitfühlende Leser; "und Josiah Flints Motte – nein, lass mich nachsehen! Jetzt habe ich sie. Josiah Flints *Großmutter* war eine – war eine Parker, Harmy."

„Ja, Frau", antwortet die Frau, der die Genealogie der Parkers auf der Zunge liegt; "und dein Vater war Cousin *zweiten* Grades; und der Aufseher, wenn er noch gelebt hätte, wäre dein Cousin *dritten* Grades. Herrgott noch mal! Ich kann es so gut wie möglich ertragen, dass der junge Josiah und sein Vater nach Saganock kommen. Du warst damals ein Mädchen und der alte Josiah, er war Pfarrer in Salem, und sein Vater vor ihm (und *er* hat es für Hexen heiß und stürmisch gemacht, sagen die Leute). Nun, er kam nach Saganock, um für unseren Pfarrer zu predigen, und brachte seinen Jungen mit; und da sie Verwandte waren, wurden sie gebeten, uns zu ertragen. Herrgott noch mal! Ich erinnere mich noch gut an alles, als wäre es erst gestern gewesen. An diesem Sonntag gab es Apfelkuchen und Milch zwischen den Predigten, und als die Nachmittagsversammlung aus war, habe ich ihnen ein dampfend heißes Abendessen gegeben. Nun, der alte Mann war ein mächtiger Prediger", faselt der alte Diener weiter, während Miss Paulina, ohne auf ihr Geplapper zu achten, dasitzt und über die Situation nachdenkt. "Und ich hatte an diesem Sonntag bemerkenswerte geistige Anstrengungen; aber da! dieser Junge, du meine Güte! hat er nicht mit meinen Muschelfrikadellen und Stachelbeerkuchen Platz gemacht? Nun, nun, dies ist eine sterbende Welt; und jetzt ist *seine* Zeit gekommen; und so eine schreckliche Vorsehung noch dazu!" Und hier, freundlicherweise ohne den alten Angriff auf ihr Abendessen zu bemerken, vergießt die alte Harmy eine mitleidige Träne für den toten Wärter.

„Harmy", sagt Miss Paulina entschieden, „Josiah Flints Frau ist seit neun Jahren tot, und jemand muss sich um diese armen Waisenkinder kümmern. Sagen Sie Reuben, er soll Major in die Tragetasche stecken. Ich werde den nächsten Zug nach Boston nehmen und wahrscheinlich im Gefängnis bleiben, bis die Beerdigung vorbei ist."

In Übereinstimmung mit diesem humanen Entschluss packt Miss Parker ihre Reisetasche und macht sich in ihrem zweitbesten schwarzen Seidenkleid um 16 Uhr auf den Weg zum Staatsgefängnis. Sehr kalt und grau ist es in der frühen Herbstdämmerung in der Wohnung des verstorbenen Josiah Flint, als Miss Paulina Parker an der düsteren Einfahrt aus dem Depotwagen steigt. Ein abgestumpftes Hausmädchen öffnet die Klingel und führt sie in ein schlampiges Wohnzimmer und beantwortet ihre Fragen nach „der Familie des Gefängnisdirektors" folgendermaßen:

"Eine Familie, nicht wahr, Mem? Sicher, und sie ist gerade auseinandergebrochen, das ist sie. Er selbst (Gott hab ihn selig) ist so tot wie ein Nagel in der Tür. Das Baby ist vor Jahren mit der Mutter zusammen gestorben, und kurz darauf ist er an der Ammoniak-Lungenentzündung gestorben, als er in der Schule war, und was das Mädchen betrifft – sie ist so dürr, dass ich in dieser Minute nicht einmal meinen Finger auf den Krater legen konnte."

Durch diese knappe Zusammenfassung entmutigt, neigt Miss Parker beinahe dazu, das Gefängnis auf französische Art zu verlassen. Doch beseelt von der Hoffnung, dem kleinen Streuner, den Bridget „nicht einmal mit dem Finger rühren" kann, in Zukunft von Nutzen sein zu können, beschließt sie zu bleiben und sich irgendwie ihren Weg in diesen zweifelhaften und zersplitterten häuslichen Kreis zu bahnen.

„Ich bin Miss Parker (erklärt sie), die Cousine des Direktors aus Saganock. Ich bin gekommen, um bei der Beerdigung zu bleiben, wenn es Ihnen passt.

"Sicher, Mem, wir können nichts tun, wenn es Ihnen passt", antwortet das Mädchen. "Die Leiche ist in der Tat gerade dabei, sich in der ersten Kammer zu versammeln, aber der Eingangssaal steht Ihnen jederzeit zur Verfügung."

Miss Paulina nimmt das angebotene Zimmer dankbar an, Bridget führt sie freundlich in den „Eingangs- und Gebotsraum", fordert sie auf, „keine Angst vor der Truppe zu haben", und eilt davon, um die notwendige Toilettenausstattung zu besorgen. Der Gast bleibt allein in dem kleinen, düsteren Zimmer zurück.

Wie immer war Miss Paulina dem Tod gelassen gegenübergetreten, verwoben mit ihrer Lebenserfahrung. Doch heute Abend, allein in einer fremden Wohnung, mit einem ermordeten Mann im angrenzenden Apartment und zweifellos in der Nachbarschaft von Dutzenden von Mördern, ist das alles unsagbar deprimierend. Und als Bridget, die, wie sie sagt, darauf gewartet hat, „ein sauberes Handtuch auszureiben und eine Wohnung dafür zu hassen", durch die Diele klappert, mit dem feuchten Tischtuch über dem Arm, einer Lampe in der einen und einer schwappenden Kanne in der anderen Hand, ist die nervöse Dame fast geneigt, sie zu umarmen, nur um die bloße Erleichterung zu spüren, die ihre Anwesenheit ihr verschafft! Bridget ordnet hastig den staubigen Waschtisch, kündigt an, dass es gleich mit dem Abendessen losgehen könne, und lädt sie freundlich ein, „einen Blick auf die Leiche und den schmalen Gang zu werfen". Allein gelassen nimmt Miss Paulina Haube und Schal ab, badet ihr Gesicht, setzt ihre Mütze auf und geht, ohne auf „das Korp" zu achten, hastig ins Esszimmer hinunter.

Das Abendessen, eine schlecht gekochte und schlecht servierte Mahlzeit, ist einsam und ungemütlich, da das „Kind" Bridget zufolge freundlicherweise zugestimmt hat, gefangen genommen und ins Bett gebracht zu werden und sich in den Schlaf zu weinen. Miss Paulina, müde und verlassen, zieht sich bald zurück. Bereits halb ausgezogen stellt sie fest, dass ihre Reisetasche, die ihre Nachtwäsche und Toilettenartikel sowie verschiedene leckere Pakete enthält, die als „Alkohol" für vermeintlich feindselige kleine Flints gedacht sind, unter der Treppe zurückgelassen wurde. Da Bridget vermutlich nicht zu erreichen ist, muss die gute Dame selbst nach der fehlenden Tasche suchen. Sie ist sicher in der Eingangshalle, und nachdem sie sie hastig gesichert hat, versucht sie, in ihr eigenes Quartier zurückzukehren. In ihrer Verwirrung übersieht sie irgendwie die Tür zu ihrem Schlafzimmer und öffnet stattdessen die des Zimmers, in dem die Leiche liegt.

Schon weit im Zimmer angekommen, bemerkt sie ihren Fehler und lässt gleichzeitig ihre Lampe fallen, überrascht von dem unerwarteten Bild, das sich ihr bietet. Hier, in dem schwach beleuchteten Zimmer, in der Nähe des ermordeten Wärters, dessen Gesicht sie freigelegt hat, steht die nachtgewandete Gestalt der Maiblüte – wie eine erlesene Statue des Mitleids, stumm, bewegungslos und kaum weniger blass als der Marmor vor ihr. Kein kindliches Zurückschrecken vor dieser schrecklichen Präsenz stört ihr süßes, ernstes Gesicht. In den wehmütigen grauen Augen liegt eine feierliche Ehrfurcht, eine stumme Befragung dieses Mysteriums, vermischt mit dem zarten Pathos mitleidiger Liebe. Erschrocken durch das Klappern der fallenden Lampe dreht sich das Kind um und erwartet schüchtern die Annäherung des unbekannten Eindringlings. Liebes, gütiges Fräulein Paulina! Überraschung und Staunen weichen sofort dem einen alles verzehrenden Wunsch, dieses schöne, einsame Kind in ihre warmen, mütterlichen Arme zu schließen.

„Armes kleines Liebchen", murmelt sie zärtlich, nähert sich und küsst die tränennasse Wange. „Warum bist du so spät noch hier und ganz allein?"

"Ich dachte", entschuldigt sich das Kind, "ich dachte, es könnte gar nicht so verkehrt sein . Die Nächte sind so lang, und wenn ich zu schlafen versuchte, konnte ich meine Augen nicht schließen, denn ich musste dauernd an ihn denken (er deutete ehrfürchtig auf die Leiche) und auch an den anderen. Peter sagt, *er sei* verrückt und furchtbar böse und liege dort unten im Kerker bei den Ratten und sei ganz in Ketten! Und als ich daran dachte, wurde ich immer wacher, und dann kam ich zu Vater. Als er noch lebte (entschuldigend), wollte er mich natürlich nicht um sich haben, und so blieb ich meistens bei Onkel Tim und Peter und den anderen; aber ich dachte, er würde sich im Himmel freuen, wenn er mich *jetzt bei sich sähe* , wo er ganz allein ist."

„Es war überhaupt nicht falsch, liebes Kind", sagt Miss Paulina. „Aber komm jetzt mit *mir weg* . Ich bin die Cousine deines Vaters, mein Kind, deine Tante Paulina. Du kannst heute Nacht *mein Bett ausprobieren und sehen, ob du dort* nicht schlafen kannst ."

Miss Paulina gibt dem Kind einen letzten Gutenachtkuss, bedeckt das tote Gesicht von Gefängnisdirektor Flint erneut, auf dem noch immer der schmerzhafte Schmerz dieses grausamen Abschieds aus dem Leben spürbar ist, und die beiden verlassen ehrfürchtig das Zimmer.

Noch nie in Mayblossoms mutterlosem Leben hat es eine Nacht wie diese gegeben. Das warme Kuscheln in zärtlichen Armen, zwei Märchen, das Zudecken im Bett und schließlich das Singen einer schottischen Ballade, süß wie Aprilregen, zu deren beruhigendem Rhythmus die müde kleine Seele eine Weile im Halbbewusstsein schwebt und schließlich köstlich in die weichen Arme des Schlafes fällt.

Wir können davon ausgehen, dass alle erfahrenen Trauergäste (diese unbezähmbaren „Stummen") bei der Beerdigung von Gefängnisdirektor Flint anwesend waren; dass seine verborgensten Tugenden nach vorne gebracht und für diesen Anlass zur Schau gestellt wurden, und dass die übliche Zahl der Anwesenden die Worte „ausgezeichnet" aussprach. Nach dem Gottesdienst wird der Sarg unbedeckt durch die Wachstube getragen und im Gefängnishof abgestellt. Den Sträflingen, die in ehrfürchtiger Prozession dorthin marschieren, wird ein letzter Blick auf ihren Gefängnisdirektor gestattet. Hodges, der Mörder, wird aus seinem strahlenlosen Kerker geholt und blinzelt benommen ins Licht. (Nach alter experimenteller Art) wird er der Leiche von Angesicht zu Angesicht gegenübergestellt. Er weint nicht und lächelt nicht. Sein Gesicht zeigt den leeren Ausdruck völliger Schwachsinnigkeit. Nach langem Drängen seiner Begleiter erkennt er den Gefängnisdirektor und stammelt: „O je! Habe ich ihn getötet?" Als man ihn auffordert, seine Hand auf den Körper zu legen, zuckt er zurück und schaudert. Er zeigt keine weiteren Emotionen und wird, während er mit seinen Eisen klirrt, auf dem Rücken liegend zum „Lower Arch" zurückgeführt. Die Sträflinge ziehen sich in einer langsamen, geordneten Prozession zurück und der Sarg wird in privatere Räume zurückgebracht. Der Deckel wird zugeschraubt. Mrs. Jones steht am Vorderfenster und zählt die Waggons, und während der Körper auf dem Leichenwagen ausgerichtet wird, fragt Mrs. Miller Mrs. Brown mit lautem Flüstern: „Wie bald rechnen sie damit, in das neue Haus einzuziehen, und hat sie das Baby schon entwöhnt?" Während dieses lockeren Geplauders füllen sich die Trauerwagen, und die Prozession setzt sich in Bewegung. Danach gehen die Joneses, Millers und Browns ihrer Wege. Die Beerdigung ist vorbei.

Der Nachfolger von Gefängnisdirektor Flint, ein älterer Mann mit erwachsenen Söhnen, der umgehend vom Gouverneur ernannt wurde, traf unmittelbar nach *seinem* Abgang auf der Bildfläche ein (die größten Lücken des Todes sind schnell gefüllt!), und da es niemanden gab, der ihr nein sagte, adoptierte Miss Parker stillschweigend sein obdachloses Kind und bereitete *ihre* Abreise vor. Miss Paulina (so bewundernswert sie auch war) hatte ihre Grenzen. Der Sträfling, durch die abschätzige Linse ihrer eigenen makellosen Brille betrachtet, war keine geeignete Gesellschaft, und der zärtliche, allumfassende Abschied, der zwischen ihrem unschuldigen Schützling und ihren verdorbenen Freunden gestattet wurde, war ein heroischer Akt des guten Willens seitens dieser ausgezeichneten Dame.

Endlich war alles vorbei. Mayblossom hatte Peter Floome und „Onkel Tim" zum Abschied umarmt, und ihre süßen Augen, noch tränennass, hingen wie an einem letzten Brett am Käfig eines flatternden gelben Kanarienvogels (dem Abschiedssouvenir des untröstlichen Schließers) und wurden sicher in den Zug um zwei Uhr nachmittags auf dem Weg nach Saganock gesetzt – nun war sie kein „Gefängniskind" mehr.

Die allgemeine Niedergeschlagenheit, die der Rückzug dieser netten, vertrauten Präsenz aus dem grauen alten Gefängnis auslöste, wurde durch spekulatives Interesse an dem neuen Direktor etwas gemildert. Man konnte vernünftigerweise hoffen, dass dieser brandneue Besen *einige* althergebrachte Missbräuche ausmerzen würde – wie die Eisenkrone, die Kugel und Kette, die Peitsche und die bunte Gefängniskleidung. Man schloss auch daraus, dass er die Zahl der Verlegungen in den „Lower Arch" reduzieren würde, da ein kürzlich inhaftierter Angeklagter an diesem unappetitlichen Ort völlig verrückt geworden war und sich nach Ablauf seiner Haftzeit weigerte, zugunsten eines neuen Mieters zu räumen, und wie eine schwer zu fassende Ratte tatsächlich aus seinem Loch geräuchert worden war! [2] Was jenen starken Anreiz zur Einhaltung des Anstands, das Straf-Brausebad, betrifft, so wurde gemunkelt, dass sogar die Kommissare selbst hinsichtlich seiner Nützlichkeit unsicher geworden seien, seitdem die traurige Entlassung eines Gefängnisdirektors das letzte Ergebnis dieser Art disziplinarischer Folter gewesen war. Für die Neugierigen folgt hier eine Beschreibung davon.

[2] Diese Tatsache wurde von einem alten Offizier bestätigt, der Zeuge dieser einmaligen Zwangsräumung war.

Der widerspenstige Schurke, dessen Arme, Beine und Hals in Holzfesseln gefesselt sind, wird nackt in eine kleine, dunkle Kammer gesetzt. Drei bis vier Fässer Wasser werden in einer Höhe von sechs bis acht Fuß über seinem Kopf aufgestellt. Da er seine Position nicht im geringsten verändern kann, erhält er dieses schreckliche Bad Tropfen für Tropfen in einem plötzlichen Schauer oder einer kräftigen Dusche (wie es seinem Peiniger am besten gefällt) auf den Kopf. Als teuflische Eingebung des Erfinders wird ein grabenartiger Kragen um den Hals des Opfers gelegt; wenn das Wasser herabfließt, füllt sich dieser Kragen und ist so konstruiert, dass bei der geringsten Bewegung des Kopfes des Leidenden das Wasser in seinen Mund und seine Nasenlöcher fließt, bis er kurz vor der Strangulation steht. Auf

Anordnung des Ausschusses wurde das Duschbad 18— im Staatsgefängnis eingerichtet. Hätte diese verbrecherische Einrichtung einen unbegrenzten Vorrat an wasserdichten Gehirnen liefern können, hätte sie dort auf unbestimmte Zeit florieren können; Aber verrückte Sträflinge sind lästig, ja *manchmal* sogar gefährlich, und Wahnsinn hinter Gittern darf deshalb nicht mutwillig herbeigeführt werden.

Hodges, ein aufreizend unverbesserlicher Sünder, war seit undenklichen Zeiten „in Behandlung". Auf Befehl von Direktor Flint wurde er (um es in Peter Floomes eigenem, eindringlichem Englisch auszudrücken) „aus seinem Verstand heraus und in seinen Verstand hinein geduscht und dann noch einmal überschüttet " . In dem durch diese langwierige Folter hervorgerufenen abnormalen Geisteszustand hatte sich das elende Geschöpf schließlich gegen seinen Peiniger gewandt. Entmutigt durch dieses unerwartete praktische Ergebnis des Duschbads ordnete der Ausschuss anschließend an, dessen Anwendung im Gefängnis einzustellen; und Hodges war das letzte Opfer dieser teuflischen Erfindung.

Er wurde wegen Mordes an seinem Wärter vor Gericht gestellt und aufgrund von Geisteskrankheit freigesprochen. Schließlich gelang es ihm, diesem unruhigen Leben durch einen Sprung aus einem oberen Fenster der staatlichen Irrenanstalt zu entfliehen.

Hodges war ein versierter Schurke und kam zum zweiten Mal ins Gefängnis. Man kann davon ausgehen, dass er an der Schwelle des Todes „an seinen Platz ging" und die Welt durch seinen Rückzug aus ihr nicht ärmer zurückließ; trotzdem muss man ihm zu seiner endgültigen Flucht vor der Strafwasserkur gratulieren.

Es ist Maifeiertag und Hochwasser am Saganock. Der Fluss ist bis zum Rand geschwommen und bestätigt in diesem Moment voll und ganz das alte Sprichwort: „Zeit und Flut bleiben für niemanden stehen." Und hier, zwischen knospenden Fliederbüschen und singenden Rotkehlchen, von denen einige einen halben Kopf größer und zwei gute Jahre älter sind als an dem Tag, als sie dem Gefängnis ein letztes Mal Lebewohl sagte, steht die Maiblüte. Auf diesem sonnigen Hang des Parker-Rasens sucht sie nach frühen Veilchen. Ihr süßes Gesicht ist schmaler geworden. Violette Kreise unterstreichen ihre sanften grauen Augen. Ihre Lippen sind wie Fäden scharlachroter Wolle, und wenn man zuhört, kann man sie husten hören – tief und hohl. Ach! Es ist ein Geräusch, das einem das Herz brechen lässt.

Bald ist das Kind von seiner vergeblichen Suche ermüdet und kehrt in seine gemütliche Ecke auf der „Veranda" zurück. Dort, zusammengerollt in den weichen, warmen Falten einer Decke, beobachtet es die untergehende Sonne, die Schäfchenwolken und den vertrauten Fluss, der zügig ins Meer fließt.

In der Zwischenzeit steigt Dr. Abel Foster, der „Medizinmann" der Familie, an der Nordtür zügig aus seinem Buggy. Bevor seine Hand den Türklopfer berühren kann, wird dieser von Miss Paulina persönlich geöffnet. „Guten Tag, meine liebe Dame; und Pussy ist also immer noch krank, oder?", ruft der gute Doktor (und das mit gespielter Lässigkeit, etwas übertrieben).

„Ja, Doktor Foster", antwortet Miss Parker. „Und würden Sie heute bitte ihre Lunge untersuchen und mir das Schlimmste mitteilen? Man zuckt tatsächlich zusammen, aber wenn es so weit *sein muss* – warum dann –" ein bedrohliches Zittern in der sanften Stimme. Und der Doktor unterbricht sie schlau:

„Meine Güte, Madam! Ich bin in schrecklicher Eile! Zwanzig Patienten warten in dieser Minute auf mich! Lassen Sie mich das kleine Mädchen sofort sehen."

May-blossom wird hereingerufen, ihr blau geädertes Handgelenk wird den großen Fühlern des Doktors überlassen; ihre Zunge wird einer kritischen Untersuchung unterzogen; und nachdem sie ein langes, professionelles Klopfen und Lauschen über sich ergehen lassen hat, wird sie fest umarmt und geküsst und mit einem Nicken und einem Lächeln entlassen. Danach schließen sich Doktor Foster und die Dame des Hauses eine Weile zusammen. Dann fährt die Kutsche die Auffahrt hinunter und verschwindet auf der langen, staubigen Straße. Bald darauf öffnet sich die Südtür, und ein blasses und trauriges, aber sehr ruhiges Gesicht beugt sich über das Kind, das wieder zu seinem Platz im Freien zurückgekehrt ist. Sehr zärtlich ist die warme Decke um den kleinen, zerbrechlichen Körper gewickelt. Die Rotkehlchen singen nicht mehr. Die halb verdeckte Sonne geht unter. Der Friedhof hebt sich trostlos vom trüben Himmel ab. Die Kiefern klagen traurig, und der Fluss – bei Ebbe – murmelt in traurigem Refrain. Die alte Harmy, die an ihrem Küchenfenster Teegebäck formt, teilt Mandy Ann – die gerade das getrocknete Rindfleisch für den Tee rasiert – mit, dass Miss Paulina „völlig verrückt geworden ist, weil sie mit diesem Kind draußen sitzt und der Tau in dieser Minute wie sechzig fällt!" Miss Paulina – die wieder zu sich kommt – drängt ihren Liebling hinein. Der Teetisch ist bereits im südlichen Wohnzimmer neben dem großen Kamin mit seinem alten Kranich und seiner biblischen Umrandung aus wasserblauen holländischen Fliesen gedeckt, und im fröhlichen Feuer des Apfelholzes nehmen die beiden gemeinsam diese mittlerweile fast veraltete Mahlzeit ein – einen gehaltvollen Sechs-Uhr-Tee. Dann hat es sich May-Blossom gemütlich zwischen den Kissen einer breiten Chintz-Lounge gemütlich gemacht, und die ältere Dame sitzt auf einem niedrigen Sitz neben ihr und hält liebevoll ihre kleine, abgezehrte Hand – wie es ihre Gewohnheit ist – und plaudert angenehm mit ihrem Liebling in der sanften, ruhigen Dämmerung. Um neun gehen sie Hand in Hand in Miss Paulinas Zimmer, wo das Kinderbett schon seit langem steht. Die Maiblume, ausgezogen, geküsst und gesegnet, kriecht schläfrig zwischen die warmen Decken und schläft bald fest ein. Miss Paulina brütet im Morgenmantel bis tief in die Nacht über dem verlöschenden Feuer. Ach! Sind nicht alle ihre Liebsten von ihr gegangen? Warum hat der Himmel ihr nicht dieses letzte geschenkt – das eine Lämmchen, das sie so zärtlich in den Armen trug und an ihrer einsamen Brust wärmte? Warum nicht; ach, *warum*? Sie erinnert sich an die gesegnete Geborgenheit zweier von Liebe erhellter Jahre; an die täglichen Lektionen, als das Unterrichten dieses hellen kleinen Geschöpfs nur ein Zeitvertreib gewesen war; an ihr Waldfarn und Blumenpflücken, ihre winterliche Gemütlichkeit am Kaminfeuer, all die namenlosen, häuslichen Freuden der innigen Liebesgemeinschaft – Blumen am Wegesrand, die, kaum wahrgenommen, entlang der ausgetretenen Wege des Lebens blühen. Und nun geht alles zu Ende! Nichts wird ihr bleiben außer einem kleinen, grasbewachsenen Grab! Als ob es in ihrer Welt nicht schon genug Gräber gäbe!

May-Blossom war zwar kein kränkliches Kind, aber nie robust gewesen; und als sie mitten im Winter die Masern bekam, war diese Kinderepidemie schwer für sie. Sie erholte sich nur langsam; ein hässlicher Husten hatte eingesetzt und konnte nicht beseitigt werden; und jetzt gab es hektische Nachmittage, lähmende Nachtschweißausbrüche, gefolgt von Morgen der Mattigkeit; und heute hatte Doktor Foster seine Diagnose in einem schrecklichen Wort zusammengefasst – *Schwindsucht*!

„Das Kind“, erklärte der gute Doktor – Tränen blendeten seine freundlichen alten Augen – „ist (sozusagen) im Keller aufgewachsen; ein empfindliches Nervenkostüm; zu viel Verstand; zu wenig Leben im Freien; und das Ergebnis von all dem ist einfach dies – mit diesem Husten und dieser Konstitution (Gott steh uns bei!) könnte nicht einmal ein Engel vom Himmel sie retten!“

Der Sommer kommt. Die Butterblumen sind da. Die Maiblüte ist besser. Sie schläft gut, hustet weniger und ihr Appetit bessert sich. Von trügerischer Hoffnung getragen, fasst Miss Paulina Mut und fährt in den Zug nach Boston, von wo sie – gekrönt mit der Beute eines halben Einkaufstages – in diesem Moment zurückkehrt. Die Reisetasche ächzt förmlich unter den angehäuften Bündeln und die mit Stahlschnallen verschlossene Tasche an ihrem Arm ist bis zum letzten Grad vollgestopft. Stunden sind vergangen, seit sie sich von ihrem Liebling getrennt hat. Hastig steigt sie aus und eilt hinein. In ihrer Stimme liegt ein leises Zittern der Angst, als sie ruft: „May!

May, May, Liebling!" Wo *kann* das Kind sein, dass es ihm nicht entgegengerannt ist! „May!" wieder und lauter – immer noch keine Antwort. Doch jetzt ertönt gurrend eine nie zu missverstehende Stimme aus der Küche. „Wen *kann* die Liebste streicheln? (Harmy Patterson ist zwar treu und liebevoll, aber nicht jemand, der Zärtlichkeiten gegenüber nachgibt!) Höchstwahrscheinlich ihr Kätzchen."

Sie öffnet leise die Küchentür. Erstaunt bleibt sie auf der Schwelle stehen! Harmy, stumm vor Entsetzen, zeigt mit ausgestrecktem Zeigefinger auf ihren sauberen Schaukelstuhl mit Patchwork-Polstern, in dem kerzengerade ein unbekannter Mann sitzt – und *was für* ein Mann! Seine groben, staubigen Kleidungsstücke (offensichtlich ohne den geringsten Bezug zu ihrem gegenwärtigen Träger angefertigt) hängen wie eine Vogelscheuche an seiner unförmigen Gestalt. Unter seinem Schlapphut (den er demokratisch behält) scheint er sich demütig vor dem Blick des Betrachters zu verstecken; und das ist auch gut so, denn unrasiert und ungeschoren, sein breiter Mund ist von Tabak befleckt, seine Hände und sein Gesicht sind von Staub beschmiert, jeder Zoll sieht aus wie der elende Ausgestoßene, der er *ist* ! Und (kein Wunder, dass die alte Harmy verstört gafft) sitzt liebevoll auf dem Schoß dieser Kreatur, ihre zierlichen Finger umklammern seine schmutzige Hand, ihre goldenen Locken streifen seinen schmutzigen Hals, May-blossom – ja, May-blossom, ihr eigenes süßes Selbst, strahlend und liebevoll und sich der Unvereinbarkeit der Situation absolut nicht bewusst. Und dieses verlassene Wesen, das sich immer noch nach Menschlichkeit sehnt, aber das beschämte Haupt eines Mannes auf seinen Schultern tragen darf, ist ein Sträfling – unser alter Gefängnisbekannter Peter Floome, May-blossoms zeitweiliger Krankenpfleger und ewiger Freund!

Leichtfüßig springt das Kind von seinem unpassenden Platz, eilt Miss Paulina zur Begrüßung, hängt zärtlich an ihrer Hand und ruft eifrig: „Oh, Tante, Liebling, ich bin so froh, dass du gekommen bist! Hier ist Peter, der liebe alte Peter! Er ist begnadigt, Tante, und ist das nicht schön? Er kann mich jetzt jeden Tag besuchen, wenn er möchte."

„Aber, Tante! (etwas niedergeschlagen) bist du nicht froh? Und willst du ihm nicht die Hand schütteln? Peter ist nett, Tante, und er hat sich immer *so* um mich gekümmert, als ich *noch* ganz klein war. Du wirst Peter mögen, wenn er fertig ist, und Harmy auch, obwohl sie ihn *jetzt* ein bisschen mag , weil sie ihn nicht kennt." (Harmy, *gedämpft* und nachdrücklich: „Um Himmels Willen, nein; und das will ich auch nie sein!") Hier kommen Peters benommene Erinnerungen an die Gefängnisetikette in den Sinn, er schlurft verlegen auf die Füße, zieht zerstreut an seiner verfilzten Stirnlocke und vollführt eine gewisse gymnastische Leistung, die er für eine Verbeugung hält. Das Eis ist so gebrochen, Peter findet seine Zunge wieder und platzt heraus mit „Guten Tag, Marm, ich hoffe, ich sehe Sie wohlauf, Marm."

Miss Paulina verbeugt sich, und es entsteht eine Pause. Peter blickt bewundernd auf die Maiblüte, und da er dadurch neue Inspiration gewinnt, ist er bereit für einen zweiten Gesprächsversuch.

„Sie ist gewachsen, Marm, wie das Unheil!", behauptet er; „aber ich kannte sie, das *tat* ich, sobald ich sie dort draußen auf dem Rasen zum Mähen erblickte! Und sie kannte *mich*, das tat sie! Ja, ja, sie kannte Peter; sie kannte ihn. Der arme alte Peter! Der sich selbst heutzutage kaum noch kennt." Hier wird Peters Stimme heiser, und während er sich mit seinem schmierigen Mantelärmel eine schmutzige Träne wegwischt, scheint er auf das Ergebnis zu warten. Peter Floome ist geradezu der soziale Antipode der Dame des Gehöfts. Konventionell stehen sie in der menschlichen Gruppe nicht Seite an Seite, sondern, wie Swedenborgs unbrüderliche Engel, „Fuß an Fuß". Doch in der kunstlosen Ansprache dieses armen Geschöpfs steckt ein Hauch von ehrlicher Natur, der sie sofort zu Verwandten macht.

„Und auch ich muss dich kennen, Peter", sagt sie, tritt herzlich auf ihn zu und nimmt seine schmutzige Hand in ihre saubere Handfläche.

Unfähig, seine Dankbarkeit für die ihm zuteilwerdende Ehre auszudrücken, dreht Peter Däumchen, wagt einen Seitenblick auf Harmy und blickt, in seinen eigenen Augen wieder einmal völlig verächtlich, unbehaglich zu Boden.

Um das eingeschüchterte Geschöpf wieder zu versöhnen, sagt Miss Parker höflich: „Und jetzt, Peter, würdest du, glaube ich, gern in Reubens Schlafzimmer gehen und dich gründlich waschen. Gleich wird Harmy dir Tee geben, und dann müssen wir alles über die Begnadigung hören und wie du hierher gekommen bist und was du mit dir vorhast und was *wir* für dich tun können. Komm, Mabel, Liebes; Peter ist, wie du weißt, *deine* Begleitung. Führe ihn nach oben, mein Liebling."

Wieder wird die kleine, weiche Hand in die raue, braune Pfote gelegt, und Peter Floome – in einem Zustand völliger Verwirrung hinsichtlich seiner persönlichen Identität – schlurft unbeholfen mit dem entzückten Kind davon. Und was sagt Harmy Patterson zu all dem? „Hier ist ein Sträfling, ein schrecklicher Sträfling", ruft sie, „und zum Tee eingeladen, und dieses Kind umarmt und küsst ihn kaltblütig! Herrgott! Herrgott! Wohin *führen* die Parkers?" Hier, unfähig, das gesunkene gesellschaftliche Schicksal des Hauses weiter zu verfolgen, bedeckt Harmy ihr Gesicht mit ihrer karierten Schürze und bricht in Tränen aus. Betrübt über die Niederlage ihrer alten Dienerin und Freundin, versucht Miss Parker ein Wort der Ermahnung. Sie appelliert an ihre Gastfreundschaft, ihre Menschlichkeit, erinnert sie an ihre erklärte Jüngerschaft dessen, der mit dem Sünder „am Tisch saß". Vergeblich! ebenso gut hätte sie sich Harmys steinernem Melassekrug zuwenden können, der ihr in dem plötzlichen Schock von Peters Ankunft aus der Hand gefallen war und nun auf dem Küchenboden liegt. Da ihr freundlicher Versuch scheiterte, zog sich die Herrin ruhig zurück. Harmy, die allein zurückblieb, schluchzt sich in eine vergleichsweise ruhige Gemütsverfassung. Sie eilt ihrem Melassekrug zu Hilfe, stellt sorgfältig sicher, dass der Sturz keinen winzigen Bruch verursacht hat und dass kein verschwenderischer Tropfen aus dem Holzstopfen ausgetreten ist, und macht sich sofort energisch an einen Laib weichen Lebkuchen, dessen Herstellung durch Peter Floomes Eintritt unterbrochen worden war. Während sie ihren Kuchen umrührt, seufzt Harmy und überlegt sich in Gedanken tiefgründig „die Fitnesses". In ihrem sozialen Lexikon ist ein Sträfling ein niederträchtiger Schurke. In ihrem Katechismus ist er seit Anbeginn der Welt der Verdammnis ausgeliefert – gottgeweiht bis zum Teufel selbst!

Miss Paulina Parker wäscht sich in ihrem Zimmer die Hände und denkt ebenfalls über die „Angemessenheit" nach. Dieser ausgehungerte Ausgestoßene ist ihr Bruder. Sie hat ihn bei der Hand genommen. Die christliche Ethik beweist die Angemessenheit dieser Tat. Die Hand war zweifellos schmutzig. Doch was macht das schon? Wasser und Seife machen einen wieder in Ordnung. Wasser und Seife wirken sich auch auf Peter Floome aus, als er nach einer für ihn charakteristisch oberflächlichen Waschung aus Reubens Schlafzimmer hervortritt, ein wenig besser im Gesicht, aber immer noch ein trauriges Exemplar der Menschheit, und, von Maiblüten begleitet, auf eine hastige Inspektionstour nach draußen geführt wird. Geführt von diesem glücklichen kleinen Geschöpf (das mal seine Hand hält, mal sie fallen lässt, um weiterzulaufen und sich umzudrehen, um sich zu beeindrucken und dann fröhlich voranzuhüpfen), besucht Peter den Hühnerstall, den Bienenstock, den Blumengarten, die Ställe und den Schweinestall und zuletzt den Apfelgarten, der jetzt rosig-weiß von Blüten ist.

Dort, im Gras liegend, unter den blühenden Zweigen eines Patriarchenbaums, stößt Miss Paulina bald auf das seltsam zusammenpassende Paar. Peter, mit Butterblumen und Löwenzahn bekränzt und seine blumigen Ehren wie ein weiterer „Bottom" tragend, sitzt neben seiner „Titania", die in liebevoller Verliebtheit „seine liebenswürdige Wange schüchtern macht".

„Schade", denkt der Eindringling, „ein so malerisches Bild zu verderben." Die Sonne steht jedoch schon tief und sie ruft ihren Liebling aus dem Tau herein. In der Küche hat Harmy widerwillig Vorbereitungen für Peters inneren Menschen getroffen; grimmig bemerkt sie Mandy Ann gegenüber (die inzwischen von einem Einkauf im Laden zurückgekommen ist), dass „es ihr nicht passt, für solche Geschöpfe saubere Tischdecken aufzulegen und gutes Essen zu verschwenden, wo es nicht zu spüren ist." Ein Sträfling ist nach Mandy Anns Einschätzung ein unerwünscht, wenn nicht gar gefährlicher Gast, und als Peter und Maiblüte durch eine Tür hereinkommen, verschwindet sie durch eine andere. Harmy setzt ihre Umhanghaube auf und marschiert steif in den Küchengarten, wobei sie den anrüchigen Besucher seiner kindischen Gastgeberin überlässt.

Peter Floome war seit vielen Jahren nicht mehr bei einer Teeparty gewesen, und natürlich sind seine Umgangsformen etwas eingerostet. Möglicherweise hätte seine Tischetikette (oder vielmehr sein völliges Fehlen derselben) seine allzu parteiische Gastgeberin (die sich mit feiner, angeborener Höflichkeit eine Tasse und einen Teller geholt hat und ihren Gast bei Laune hält, indem sie ihren eigenen Tee mitnimmt) schockiert, wenn seine offensichtliche Zufriedenheit mit dem Essen sie nicht völlig in Anspruch genommen hätte, denn (trotz Harmys gegenteiliger Aussage) Peter ist von Natur aus geneigt, „gutes Essen zu spüren". Es ist seltsam malerisch, dieses Teetrinken von „Bottom" und „Titania", dieser seltsame Kontrast von Rüpelhaftigkeit und Eleganz, obwohl (wie ich leider feststellen muss) „Bottom" das Buttermesser absolut ignoriert; seinen nassen Löffel in die Zuckerdose steckt; und, während er seinen heißen Tee heftig ausbläst, um die Vorurteile der Bevölkerung zu verachten, leckt er ihn aus seiner schwappenden Untertasse und schaufelt die Apfelsauce mit seiner Messerklinge hinein. „Titanias" hübsche Bemühungen, „Bottom" zu beruhigen, sind in der Tat eine Augenweide; denn Peter ist sich seines eigenen Mangels bewusst, der ungewohnten Gelegenheit gerecht zu werden, und ist bis zum äußersten verlegen und beschämt. Dennoch tragen ihn die ermutigenden Lächeln seiner kleinen Gastgeberin siegreich bis zum Ende dieser erschütternden Erfahrung. Andere gesellschaftliche Erfordernisse erwarten diesen vielgeprüften Mann noch. Gleich nach dem Tee wird er von Maiblüten in jenes innere Heiligtum geführt, Miss Parkers Salon, wo er inmitten einer bedrückend eleganten Umgebung durch das abschätzige Gefühl seiner eigenen Erbärmlichkeit noch mehr auf den Boden der Tatsachen zurückgedrückt wird.

Das Leben im Gefängnis in Einzelhaft begünstigt nicht gerade die umgangssprachliche Gewandtheit, und Peter Floome ist auch nicht von Natur aus geschwätzig. Viele Tassen von Harmys starkem grünem Tee haben jedoch seine Zunge geschmeidig gemacht, und als er sich erst einmal hingesetzt und seine langen Arme und aufdringlichen Beine endgültig, wenn auch furchtbar unbefriedigend, losgeworden ist, fühlt er sich wohl genug, um sich ans Erzählen zu machen, und stürzt sich auf die Bitte seiner liebenswürdigen Gastgeberin verzweifelt in sein Thema.

„Ich nehme an, Marm", beginnt er, „dass Sie es nicht wissen, denn mein richtiger Name ist nicht Peter Floome. Und dieses hübsche kleine Geschöpf auch nicht. Die Ballous, wissen Sie (*mein* Name ist Ephryam Ballou), waren alle auf sich selbst fixiert, und als es ins Gefängnis ging, sagte ich mir, jedenfalls werde *ich* den Stammbaum nicht verraten, also wurde ich anonym in die Gefängnisbücher eingetragen, und Ephe Ballou wurde nie im ‚Palast' gehört, darauf können Sie wetten. Im nächsten Herbst sind es dreiundzwanzig Jahre, Marm, seit ich Hiram Halls Scheune in Brand gesteckt habe. Ich war damals ziemlich gereizt, und Hiram und ich, wir hatten einen Streit. Er hat mich verdammt gemein behandelt, Hiram, und ich war wütend und er auch, und wir hatten es heiß und heftig, und (Ihre Anwesenheit sei verschwiegen, Marm, und … hern) Ich sagte Hiram, ich würde ihm eines Tages die Hölle heiß machen. Danach beruhigte ich mich etwas und ging nach Hause. Ich war aber noch ziemlich sauer, und das ganze Abendessen überlegte ich mir, wie ich auf diesen verdammten Schleicher gekommen war. So nannte ich ihn damals, Marm, weil ich ein bisschen zu viel alten Apfelwein getrunken hatte und keine Lust hatte, mir die Worte gut auszudenken. „Bei Gott!", sagte ich zu mir selbst, „jetzt habe ich es! Ich werde mich in Hirams Scheune verstecken, und wenn die Leute hereingelegt werden, werde ich die Viecher einfach rauslassen und den alten Kram anzünden! Das wird ihm am meisten zu schaffen machen." Also, nach dem Abendessen sagte ich zu Mutter, sagte ich, „ich werde heute bis spät in die Nacht draußen sein, Mutter, und du solltest mir besser nichts vormachen. „Legen Sie den Schlüssel unter die Fußmatte, und alles ist gut", sage ich.

"Arme alte Mutter!", fuhr Peter nachdenklich fort und senkte die Stimme. "Nachdem ich weg *war* , und zwar eine ganze Weile, und dann hat sie sich um mich gekümmert, Mutter. Gott segne ihre geduldige alte Seele! Ja, ja, sie hat sich nur fünf Jahre und sechs Monate lang um ihren bösen Jungen gekümmert, und dann brach ihr das Herz, und sie hat sich für immer und ewig gekümmert, Mutter, und ich konnte sie nicht einmal so erschöpft sehen!"

Hier muss Peter tief durchatmen und Mut schöpfen, und Miss Paulina (selbst in Tränen) tröstet Mayblossom, die laut schluchzt. Nach dieser rührenden Unterbrechung findet Peter, der sich offenbar durch einen längeren Niesanfall beruhigt hat, den Faden seiner Erzählung wieder.

"Entschuldigen Sie, Marm", entschuldigt er sich, "ich glaube, ich dachte, Mutter, ich wäre mit meiner Geschichte ein bisschen weiter, aber wie ich hörte, hatte ich mir schon überlegt, wie ich zu Hiram kommen sollte, und an dem Abend kam ich ihm zuvor, bevor er einschloss, denn da war ich, verstaut in seinem Heuhaufen, so glitschig wie Fett! Nun, gerade als die Stunde im

Presberteren-Versammlungshaus schlug, schlich ich zu den Ställen, trieb die Kuh und das Pferd heraus und trieb sie auf den Heuhaufen; dann ging ich zurück, legte ein oder zwei Streichhölzer unter den Heuhaufen und machte Spuren für uns. Nun", seufzte Peter, "der Rest ist eine hässliche Geschichte, Marm, und vielleicht möchten Sie, dass dieses unschuldige kleine Geschöpf sie nicht hört." May-Bloom ist jetzt ganz Ohr, und Miss Parker gibt ihre Zustimmung, und Peter fährt fort: „Nun, gegen Mittag kam der Wind, und bevor die Scheune richtig in Fahrt kam, hat sie einen richtigen Wirbel gemacht, und die Funken flogen wie ein Unheil! ‚Gott hilf uns', sage ich, als ich aus dem Fenster meines Schlafzimmers schaue, ‚und es schreckt sie ab wie Hirams Haus!'" Und das *tat es* auch; und da es eine Dürreperiode war, brannte der Wind wie Zunder! Ich war im Nu da und half ihnen, den Lastwagen rauszuholen. Ich war jetzt völlig außer mir. Ich war nüchtern wie ein Richter, und ich hätte meinen Kopf nach einem Fußball geworfen, um die Arbeit dieser Nacht zunichte zu machen! Nun, es gab viele Möbel im Haus, und Hiram war ein habgieriger Mann, und er musste die Hülle herausholen, und nachdem es für den Rest zu heiß wurde, hielt er durch, und – nun – als er das letzte Mal hineinging, *blieb er*. Armer Hiram! Ich hätte fast mit ihm tauschen können; denn danach *war* ich auf keinen Fall mehr am Leben. Ich wusste, dass ich nichts weniger als ein Mörder war, und ich war nicht einfach nirgendwo, besonders nicht zu mir, wo meine Mutter da war und genauso viel Wert auf mich legte wie immer. Nun, nebenan, als die Leute Wind davon bekamen, dass ich einen Streit mit Hiram hatte und dass er mir etwas schuldete, haben sie dies und das zusammengebracht, und ich wurde wegen Brandstiftung verhaftet; und ich kann nicht sagen, dass es mir leidgetan hat.

„Nun, um es kurz zu machen, ich wäre fast gehängt worden, aber der Gouverneur griff in letzter Minute ein und schickte mich lebenslang ins Staatsgefängnis. Wenn es soweit kommt, ‚werde ich der Familie keine Schande bereiten', sagte ich. ‚Die Ballous haben bei der Enthüllung gut mitgespielt', sagte ich, ‚und dieser Name wird niemals in das Gefängnisbuch eingetragen werden, wenn ich es nicht verhindern kann.' Also, wie ich Ihnen gesagt habe, Marm, ließ ich mich als Peter Floome eintragen. Ich hatte keine nahen Verwandten außer meiner Mutter und meiner Schwester Betsy. Onkel Georges Familie hatte sich in Illi *Noise niedergelassen*, und wir haben seit einer Ewigkeit nichts von ihnen gehört. Betsy war damals ein junges Mädchen und hatte einen Verehrer. Sie war immer ganz verpeilt, und ich sagte, es sei nicht abzusehen, dass sie ins Staatsgefängnis kommen würde, um ihren *eigenen* Bruder zu besuchen; aber da ist meine Mutter, sagte ich, *sie wird* regelmäßig kommen, denke ich; dasselbe ist sie im *Gefängnis*; also schrieb ich ihr einen Brief und ließ sie wissen, wie es mir ging und wen sie fragen sollte, falls sie käme. Gott segne ihre liebe alte Seele!

„Gleich am nächsten Freitag war sie da! Danach, pünktlich wie ein Uhrwerk, alle drei Monate, bei Regen oder Sonnenschein, war Mutter da!

„Mütter, wissen Sie, Mutter, verfehlen nie ihre Pflichten. Ehefrauen, Schwestern und Kinder halten sich hin und wieder an die Regeln, aber Mütter sind im Grunde die einzigen, die regelmäßig im Gefängnis bleiben. Nun, Mutter hat eine Menge Geld bei mir gespart, und als ich sah, dass sie dünner wurde, wusste ich, was sie ärgerte, und ich sagte mir: ,Sie wird nicht ewig durchhalten, und wenn sie weg ist, dann hilf mir der Herr *!*'"

„Nun", fuhr Peter mit heiserer Stimme fort, „dann *ging sie*, Mutter, aber (er senkte seine Stimme zu einem vertraulichen Flüstern) Mutter ist eine Meisterin, an der man sich festhalten kann, kein Zweifel! Und Sie sind sicher am Leben, wenn sie nicht mit diesen Besuchen weitermachte! Genauso regelmäßig, als wenn sie nicht aufgetaucht wäre! Jedes Mal, wenn das Vierteljahr kam, an einem Freitagabend, wenn die Uhr eins schlug, stand Mutter in Lebensgröße am Gitter meiner Zelle. Sie öffnete nicht ein einziges Mal ihren Kopf; aber wenn ich sie so lächelnd und freundlich da stehen sehe, sage ich mir: ,Sie hat sich jedenfalls nicht mehr geärgert'; und obwohl ich nie ein großes Talent zum Beten hatte, dankte ich *Gott* dafür . Ich ließ nie etwas von diesen Besuchen hören, denn um diese Zeit herum wurde es bei mir ziemlich nervig, und die Jungs sagten immer: ,Peter ist launisch.' „Also", sagte ich, „wenn ich es ihr sagen würde, würde mir keiner von ihnen glauben." Und ich blieb einfach im Dunkeln, und Jahr für Jahr kam Mutter regelmäßig, und wir hatten alles für uns allein. Neben Hiram kam *er* . Nicht regelmäßig, wie Mutter es tat, aber ab und zu. Nun, Geister sind schlechte Gesellschaft, Marm; und nach einer Weile war ich sauber und keinen alten Schuh mehr wert.

„Aber ich gehe mit meiner Geschichte weiter. Nachdem meine Mutter gestorben war, taute Betsy etwas auf und besuchte mich zweimal, und dann heiratete sie und ging nach Kalifornien. Sie schrieb mir ein oder zwei Briefe, und ich antwortete pünktlich, aber dann hörte sie auf zu schreiben, und ich wusste, dass *sie* mich aufregen würde. Und dann wurde ich etwas widerspenstiger und gefühlloser; und ich sagte mir: ,Wie stehen die Chancen überhaupt, es kann nicht ewig dauern; und dann werde ich hier mit den Füßen voran rausgehen, und ich hoffe, es wird nicht mein letzter sein.'"

„Aber Peter, mein armer Kerl", wirft Miss Parker fromm ein, „ich hoffe, Sie haben manchmal in der Bibel gelesen und darin einigen Trost gefunden. Sie konnten doch nicht an Gottes Vorsehung und an all seinen gesegneten Versprechen an die reuige und gläubige Seele zweifeln?"

"Ja, klar", antwortet Peter. "Ich habe meine Bibel *ein bisschen gelesen* , ziemlich regelmäßig, und zwar lange, am Anfang. Und da meine Mutter Mitglied der Kirche ist, wurde ich dazu erzogen, so auf die Vorsehung zu vertrauen. Aber

die Versprechen, die Sie mir geben, funktionieren am besten außerhalb des
Gefängnisses. Und als ich mich irgendwann ärgerte, fing ich an, sogar in der
Bibel zu lesen. Es hatte keinen Zweck. Die Buchstaben standen alle falsch.
Ich *habe mich eine Zeit lang an die Vorsehung* geklammert , aber jetzt sehe ich,
dass es auch keinen Zweck hatte. Die Vorsehung, sage ich, lege keinen Wert
auf *mich* , und ich kann genauso gut versuchen, auf eigene Faust
weiterzumachen."

„Nun, schließlich bekam ich Raumforderung und musste eine Weile ins
Krankenhaus. Und nachdem ich wieder zu mir gekommen war, war ich nicht
stark genug, um ins Schuhgeschäft zurückzukehren. Der Arzt sagte, eine
Veränderung würde mich wieder auf die Beine bringen. Zwölf Jahre lang
arbeitete ich dort an derselben Werkbank, und ein Tag war genau wie der
andere, bis es mir vorkam, als würde ich einen uralten, ewig haltbaren Schuh
nähen, immer und immer wieder, und hin und her, und keine sterbliche
Hoffnung, in dieser oder der nächsten Welt zu Ende zu kommen. Und als
sie mich dazu schickten, im Gefängnis Ordnung zu schaffen und für die
Leute des Gefängnisdirektors zu arbeiten, war ich mächtig froh, das kann ich
Ihnen sagen! Und am Ende wurde alles wieder gut. Es dauerte nicht lange,
bis dieses liebe kleine Geschöpf in die Stadt kam. Kinder *sind* seltsam jetzt,
nicht wahr, Marm? Glauben Sie mir, bevor das Kind allein sitzen konnte, hat
sie *mich richtig ins Herz geschlossen* ! Ich *war* fertig, das kann ich Ihnen sagen!
Und als ich diese beiden kleinen Arme um meinen alten Hals spürte, ging es
mir irgendwie besser; und obwohl ich nicht zum Gebetstreffen ging und
nicht so schnell religiös wurde, wie es manche von ihnen tun, habe ich mich
richtig an den Allmächtigen gehängt; denn, sagte ich, es ist wirklich schön
von Ihm, einen gesegneten kleinen Engel an einen solchen Ort wie diesen zu
schicken. Denn sie war ein richtiger Engel für uns, als sie dort aufwuchs, so
unschuldig, hübsch und liebevoll; und sie hat unseren Seelen viel mehr Gutes
getan als alle Sonntagspredigten des Kaplans; und als der Chef getötet wurde
und man sie wegnahm, schien es, als wäre nichts mehr übrig. Ich nehme an,
ich habe mir ein bisschen zu viel vorgenommen, denn nachdem ich ein oder
zwei schlechte Phasen gehabt hatte, hat mich der Arzt wieder untersucht,
und ich hörte ihn sagen, ich hätte Herzprobleme, und ich sagte mir: „Du hast
recht, das stimmt *!* “ Am nächsten Tag, als ich sein Büro aufräumte, fragte
mich der Direktor nach meinen Leuten, wie lange ich im Gefängnis gewesen
sei und wie lange ich dort bleiben müsste, und so erzählte ich ihm, so gut ich
konnte, die ganze Geschichte, nur dass ich nichts über meine Mutter und die
regelmäßigen Besuche verriet. Er wollte mir nicht glauben, wissen Sie, und
außerdem verriet ich nie gern viel über *sie* .

"Nun, das war lange Zeit in der Nähe des Fastentags; und ab und zu an
Feiertagen, Marm, wie Sie vielleicht wissen, beschließt der Gouverneur, einen
Gefangenen zu begnadigen; und wenn der Gefängnisdirektor an diesen

Tagen mit einem Papier in der Hand in der Kapelle auftaucht, wissen wir, was kommt, und einige Herzen schlagen dort furchtbar, das sage ich Ihnen! Viele von ihnen, wissen Sie, haben Hoffnungen, weil die Leute draußen nach ihnen suchen oder sie von der Gebetsversammlung oder den Inspektoren aufgegriffen werden; aber ich hatte keine Hoffnungen; also saß ich an dem Tag, als der Gefängnisdirektor mit seiner Begnadigung kam und eine Rede zu halten begann, so unbekümmert da wie immer.

„Vor 22 Jahren“, sagt er, „beging einer von Ihnen im betrunkenen Zustand ein schweres Verbrechen und wurde zu lebenslanger Haft in diesem Gefängnis verurteilt. Während dieser 22 Jahre“, sagt er, „hat er keinen Fuß außerhalb dieser Mauern gesetzt; und während dieser ganzen Zeit“, sagt er, „wurde er nicht ein einziges Mal wegen schlechten Verhaltens angezeigt. In seinen nüchternen Momenten bereut er sein Verbrechen immer“, sagt er, „und jetzt ist er ein abgekämpfter alter Mann, und ich habe mich für seine Begnadigung ausgesprochen. Sein Name“, sagt er, „ist Peter Floome.“

„Beim Moses, Marm! Als ich hörte, wie *mein* Name gerufen wurde, war ich geschlagen! Nun, ich stand auf, um nach vorne zu gehen. Meine Knie zitterten gewaltig, und die Kapelle drehte sich wie sechzig. Ich hörte, wie sie auf mich klatschten, und dann, nun, diese Begnadigung war ein bisschen zu viel für mich; und ich sprang auf und fiel ohnmächtig in Ohnmacht. Nach einer Weile brachten sie mich zu sich; und nachdem sie mich in einen brandneuen Mantel und Westen und Hosen steckten, brachten sie mich in die Wache. Nun, da waren der Aufseher, der Kaplan und der Stellvertreter und viele Leute, und alle lächelten wie ein Korb voller Chips. Viele von ihnen schüttelten mir die Hände und wünschten mir Glück. Ein großer Mann in einem langen, schwarzen Mantel und einer grünen Brille stand neben mir vom Direktor. Er war sehr froh, mich zu sehen, und gab mir viele gute Ratschläge (aus der Heiligen Schrift, sollte ich sagen), obwohl ich das nicht unbedingt spürte, da ich so aufgeregt war. Danach bekam ich die Erlaubnis, mich von einigen der Jungs zu verabschieden; und dann schickte er den Direktor in sein Büro, und da waren zwei der Inspektoren, und der Kaplan, und der Staatsagent, und der Kerl im langen Mantel und mit der Schutzbrille, so groß wie das Leben.

„Nun, jeder von ihnen hat eine Weile mit mir geredet und mich, würde ich sagen, ziemlich gut behandelt. Und der große Mann hat noch ein paar weitere Anweisungen zu meinem Verhalten gegeben. Manches davon, so nahm ich an, waren seine eigenen Worte, und manches war aus der Bibel und klang ziemlich gut. Der Staatsagent hat mir die vier Dollar gegeben, die ich vom Staat bekomme, und er sagte: ,Wenn Sie sich entschieden haben, was Sie tun wollen, kommen Sie in mein Büro, Peter, und ich werde für Sie tun, was ich will.‘ Und nachdem er mir eine Karte mit der Straße und der Hausnummer gegeben hatte, schüttelte ich allen wieder die Hand und ging los. Gott segne

Sie! Marm, wenn ich aus dem Gefängnis herauskomme, bin ich fast so hilflos wie ein Baby! Und wohin ich gehen oder wie ich überhaupt gehen soll, ist mehr, als *ich* wusste! Wie auch immer, ich bin einfach abgehauen, so gut ich konnte; denn ich dachte, ich werde nach Boston fahren und dort in einer Taverne absteigen, wo mich die Leute nicht kennen und nichts davonsickert, dass ich im Gefängnis war. Also ging ich weiter, und nachdem ich um die Ecke gebogen und in eine andere Straße gekommen war und ein Stück weitergegangen war, trat jemand hinter mich und berührte mich an der Schulter. „Herr", dachte ich, „was *kommt* jetzt!" aber ich drehte mich einfach um, um der Musik ins Auge zu sehen; und wen sah ich da, außer Mr. Holt, meinem alten Lehrer im Schuhgeschäft! Und er sagte: „Peter", sagte er, „ich möchte, dass du mich triffst. Du wirst jetzt nicht viel ausrichten, wenn du allein durch die Straßen gehst. Du kommst eine Weile zu mir nach Hause", sagte er. Ich *war* froh, das kann ich Ihnen sagen, Marm. Nun, ich blieb insgesamt drei Wochen bei ihm zu Hause, und während dieser Zeit wurde mein Kopf etwas ruhiger und ich gewöhnte mich daran, locker herumzulaufen.

"Nun, nachdem ich fünfmal in sein Büro gegangen war, holte ich eines Tages den Staatsagenten herein. Er kannte mich wie ein Buch, aber er war furchtbar beschäftigt und konnte nur eine Minute mit mir reden. Ich sagte ihm, ich hätte einen Onkel und einige Cousins in Illinois , und ich rechnete damit, dass ich dorthin gehen und eine Weile bleiben würde, wenn er Lust hätte, mich durchzulassen. Er sagte: ‚Ich kann dich bis nach Buffalo schicken, Peter, und wenn du dort ankommst, bekommst du vielleicht einen Job und verdienst genug, um zu deinen Leuten zu kommen. Der Westen wird dich fertigmachen. Das ist genau der richtige Ort für euch Sträflinge', sagte er. Also gab er mir eine Fahrkarte und scheuchte mich weg.

„Also, ich ging nach Hause zu Mr. Holt, und wir sprachen in dieser Nacht darüber, und am nächsten Tag ging er mit mir nach Boston und rüber zum Tiefseeott, *um* mich in die richtige Richtung zu bringen, und nachdem ich ihm tausendmal gedankt hatte, machte ich mich auf den Weg nach Buffalo. Aber, Herrgott noch mal, Marm! Wie diese Räder rasen! Es ist so, dass einem der Atem stockt – ganz zu schweigen von den Sinnen. Nach einer Weile hielten wir an, und es tat mir kein bisschen leid. ‚Ich werde eine Pause machen', sagte ich, ‚und meinen Kopf etwas steif machen und meine Beine vertreten, während der Motor ruht.' Die Eisenbahn kam erst, nachdem ich eingesperrt war, also lief ich ziemlich unbeholfen um die Türen herum und ging diese lästigen hohen Stufen hinunter, verdrehte mir den linken Knöchel und flog raus! Ich setzte mich eine Minute hin; Leute gingen und kamen, aber niemand ahnte etwas von mir. Nach einer Weile stand ich auf und humpelte in das tiefe, schäbige Gebäude , und gerade als ich meine Schuhe und Strümpfe auszog, um mir den Schaden anzusehen, blies dieser verdammte

Türsteher in seine Pfeife, und ehe man Jack Robinson sagen konnte, fuhren diese teuflischen Türen los und ich blieb im Stich, mit einer Fahrkarte, auf der stand: „ *Nur für diese Reise gültig* !" „O Herr", sagte ich, „was *soll* ich tun? Das Erste", sagte ich, „ich werde mein Bargeld zählen." also nahm ich meine kleine Brieftasche heraus, und da waren die vier Dollar bei dem Staatsagenten, der mir gegeben hatte, und die zehn Dollar bei Mr. Holt, die ich an meinem Entlassungstag bekommen sollte.

„Also, nachdem ich darüber nachgedacht hatte, zog ich Schuh und Strumpf an und sang einem Kerl etwas vor, der anscheinend auf der Suche nach Arbeit war, und ich sagte: ‚Mister, dieser Knöchel hier ist furchtbar. Und ich wäre Ihnen sehr verbunden, wenn Sie mich zum Wirtshaus bringen würden. Und vielleicht hätten Sie ja nichts dagegen, wenn wir, wenn wir schon unterwegs sind, in der Apotheke anhalten und mir eine Flasche Opedildock kaufen?‘

„Nun, um zum Ende meiner langen Geschichte zu kommen, dieser Knöchel, Marm, hat mich eine halbe Woche lang außer Gefecht gesetzt; und als ich wieder zu mir kam, war mein Geld fast aufgebraucht. Meine Fahrkarte war auch nicht mehr als taufrisch. Also bin ich nach Illinois gereist, habe den Schaden an die Taverne bezahlt, eine Menge Cracker und Käse gekauft und bin völlig pleite auf die Reise gegangen. Ich schätze, es war nicht mehr als zehn Meilen von Boston entfernt, wo ich mir den Knöchel gebrochen habe; aber ich habe mir vorgenommen, keine Fragen zu stellen, denn ich sage, Peter, es geht nicht, wenn Sie Ihre Unwissenheit zeigen, denn wenn Sie das tun, könnte etwas über das Gefängnis durchsickern."

„Zuerst dachte ich, ich würde mich nach einem Job umsehen, aber ich *traute mich nicht* , denn die Leute würden natürlich wissen wollen, woher ich komme, und wenn die Jungs Wind davon bekämen, dass ich ein Sträfling bin, würden sie wahrscheinlich nach mir schreien und vielleicht die Hunde auf mich hetzen. Also schloss ich einfach den Kopf und schlief.

„Ich war ungefähr zwei Tage unterwegs, als mir das Essen ausging, und am Nachmittag des dritten Tages kam ich in Sichtweite dieses Gebäudes hier. Ich dachte mir: ‚Ich kann sowieso nicht viel weiterkommen, und es sieht wirklich ziemlich schäbig aus dort auf dem grünen Grundstück mit den blühenden gelben Butterblumen überall. Ich glaube, ich stolpere besser über diese Gitterstäbe‘, sagte ich, ‚und lege mich eine Weile unter diesen großen Walnussbaum.‘ Vielleicht‘, sagte ich, ‚werde ich nicht so schnell aufstehen (denn ich war völlig fertig), aber es ist egal‘, sagte ich, ‚es sind Leute in der Nähe, und wenn meine Probleme vorbei sind, werden sie mich finden, wie ich mich auf die Butterblumen lege, und sie können nichts anderes tun, als mich *darunter zu legen* .‘ Wissen Sie, Marm, wenn man hinter Gittern lebt, wird man von der Vorsehung unsicher, und ich ahnte nicht einmal, dass die

Vorsehung mich in den richtigen Laden führte; dass ich mich schnurstracks auf das einzige Geschöpf auf der ganzen Welt zubewegte, das mir nicht die kalte Schulter zeigen würde. Als ich also über die Gitterstäbe kletterte, konnte ich (ich bitte den Allmächtigen um Verzeihung) keinen Cent für mein elendes altes Leben zurückgeben. Als ich mich unter den Walnussbaum legte, fühlte ich mich fast schläfrig, und so schloss ich die Augen; aber die Vögel sangen wie besessen, und das Gras roch süß wie frische Butter, und ich hatte seit zwanzig Jahren kein Gras mehr wachsen sehen. Also stützte ich mich auf meinen Ellbogen, um mich umzuschauen, und da, keine zehn Ruten entfernt, sah ich diesen gesegneten kleinen Engel. Butterblumen pflücken. Sie war gewachsen, Marmelade, aber ich kannte sie trotzdem, in der Minute, in der ich sie sah. Es ist nicht natürlich, dass ich es *nicht tun sollte*, wenn es in Gottes Welt niemanden wie sie gibt. Ja, ich kannte sie, und sie kannte mich, das tat sie, obwohl sie, als ich mich aufrichtete und hustete, ein wenig zusammenzuckte. Und dann sagte ich mir: „O Herr! Sie wird weglaufen! So sicher wie die Welt hat sie Angst vor ihrem armen alten Peter, der sie immer in seinen Armen trug!" Aber sie rannte nicht *weg*. Sie drehte sich einfach um und sah mich genau an, und dann klatschte sie in beide Hände, das tut sie, und sagte: „Peter! Peter! Es *ist* Peter!" und rennt direkt auf mich zu, mit ihren Wangen so rosa wie Rosen, und legt ihre beiden Arme um meinen elenden alten Hals. Und dann, Marm, brach ich sofort zusammen und weinte wie ein Baby. Aber ich wollte ihr kleines Herz nicht schmerzen lassen, also wischte ich es ab und erzählte ihr alles über die Begnadigung und über die Leute im Palast (so nennen wir das *Gefängnis*, Marm), und mir kam es so vor, als würde sie nie dazu durchkommen, Fragen über das eine oder andere zu stellen, denn während ihrer Erziehung im Gefängnis war sie uns lieber, obwohl wir Ihnen, glaube *ich*, *wie arme Kerle vorkommen*. Nutzen ist alles, und egal, wie schlimm Sträflinge sind, sie alle machen sich die Welt nach *ihr*. Nun, nachdem wir eine Weile geredet hatten und ich ein Stück Lebkuchen gegessen hatte, das sie mir gab, wurde ich munter und sagte ihr, ich würde mit ihr nach Hause gehen; denn, sagte ich, ich *kann* sie jetzt auf keinen Fall verlassen. „Ich habe zu lange gehungert, um sie noch sehen zu können", sage ich. Also bin ich hier, Marm, und den Rest kennen Sie.

„Vielleicht kennen Sie hier in der Gegend einen Ort, wo ich für meine Lebensmittel sorgen könnte, oder vielleicht geben Sie mir selbst eine Aufgabe, und dann könnte ich mir dieses kleine Geschöpf jeden Tag ansehen, ganz bestimmt. Entschuldigen Sie, Marm, wenn ich zu freizügig bin (,Titania' war nah an Bottom herangeschlichen und streichelte liebevoll seine Hand); aber ich hielt sie lange Zeit in meinen Armen, und die Gewohnheit ist zur zweiten Natur geworden."

Als Peters lange Geschichte zu Ende war, versicherte ihm Miss Paulina freundlich, dass er noch nicht weit weg von seinem hübschen Schützling geschickt werden sollte. Sie hatte bereits entschieden, wo sie ihn für die Nacht unterbringen würde. In dem weitläufigen alten Garten stand ein kleiner, unscheinbarer Bau, der in grauer Vorzeit als Gartenhaus gedient haben soll und der heute zwar zur sicheren Aufbewahrung von Gartengeräten dient, aber immer noch wetterfest und leicht in einen Schlafplatz für einen anspruchslosen Gast umwandelbar ist. Bei dieser energischen Dame war der Wille gleichbedeutend mit dem Tun. Und mit Hilfe von Reubens starkem Arm und der halb widerstrebenden Hilfe von Mandy Ann, die eingewilligt hatte, die schützenden vier Wände ihres Dachgeschossschlafzimmers für eine Weile zu verlassen, wurde der Geräteschuppen aufgeräumt und sauber gemacht. Ein leichtes Feldbett wurde hergebracht und für Peters Belegung gebührend eingerichtet, und während sein letzter Blick die Maiblüten verschlang, wurde er von Reuben in sein neues Quartier begleitet. Dort erwartete ihn eine Tasse heißen Kaffee, ein großzügiger Teller Kekse und ein sauberer Schlummertrunk. Und nachdem er sich in dieser vergleichsweise eleganten Unterkunft eingerichtet hatte, ließen wir ihn tief und fest schlafen und glücklich träumen.

Harmys Zwerghuhn hatte längst einen neuen Tag eingeläutet, und Harmy selbst war schon zwei volle Stunden auf den Beinen, als Peter Floome, seine alten Augen reibend, aus ungestörtem Schlaf erwachte. Er versuchte aufzustehen, und ein Fuß stand bereits auf dem Boden, als ihm schmerzlich bewusst wurde, dass er dazu nicht in der Lage war. Ein kleiner, runder Tisch, das Gartenhaussofa und Stühle schwanken schwankend an ihren Plätzen. Das Fenster mit den Rautenscheiben flimmert vor seinen Augen, die Wände des Zimmers selbst scheinen wie –

    „Das alte Haus Usher,
     wankte seinem Untergang entgegen"

und als er den allgemeinen Impuls aufnimmt, lässt auch er seinen Schwerpunkt los und fällt ohnmächtig auf das Bett. Eine halbe Stunde später erwacht Peter zu Bewusstsein und riecht überwältigend nach Kampfer. Harmy Patterson, die nicht ohne Anzeichen starker Abneigung ist, beugt sich verzweifelt über ihn. Ihr Gesichtsausdruck ist im Wesentlichen der feierlicher Entschlossenheit. Sie „bringt ihn zu sich". Nachdem sie dies geschafft hat, winkt sie Reuben steif (der „von weitem zusieht"), und, um zu signalisieren, dass sie ihre Hände von diesem anrüchigen Patienten reinwaschen möchte, übergibt Peter seiner Obhut und zieht sich grimmig zurück.

Miss Paulina wird hastig befragt und über den „Ohnmachtsanfall" des Sträflings und seine anschließende „Wiederbelebung" informiert. Und Harmy drückt sofort ihre feste Überzeugung aus, dass „es losgeht und sie sich nicht im Geringsten wundern sollte, wenn die Familie Hull mit in den Abgrund gerissen wird", und zieht sich, indem sie verstohlen das „Armenhaus" andeutet, zu den wichtigeren Angelegenheiten ihrer Küche zurück. Dort jagt sie Mandy Ann mit einer Schilderung des jüngsten Vorfalls kalte Schauer über den Rücken. „Ich", erklärt sie, „habe die ganze gesegnete Nacht kein Auge zugetan, weil ich an diesen schrecklichen Sträfling dachte und nicht wusste, was passieren könnte, wenn solche Kreaturen in der Nähe sind. Um vier Uhr kam ich herunter und ging in den Garten, um mich zu beruhigen und ein paar Kirschen zum Frühstück zu pflücken. Ich ging kurz zum Gartenhaus hinunter, um mich gründlich umzusehen, und da stand die Tür weit offen!"

Sie hatte das Gefühl (wie sie behauptete), dass das Geschöpf in der Nacht mit dem Kissenbezug und den Handtüchern in der Hosentasche weggegangen sein könnte, und war (um ganz sicherzugehen) mit den kirschroten Stoffen in ihrer Schürze über die Schwelle getreten, und ihr Herz klopfte wie eine Mühlenklappe. Und sie hatte beide Hände erhoben und ihre Schürze losgelassen, und die Stoffstücke waren in alle Richtungen gerollt, während sie so laut schrie, dass Reuben es weit weg im Kuhstall hörte und fast vor Schreck erschrak. Als der Knecht am Ort des Geschehens ankam, hatte sie gefragt: „Reuben, ist er weg?" und Reuben hatte seinen Hemdkragen gelöst und geantwortet: „Weg? Nein, er ist gesund und munter, darauf können Sie wetten. Lauf und hol das Lagerfeuer, Harmy, und stör die Leute nicht. *Du wirst* ihn bei allen Verwandten abholen." Wie ihr Lagerfeuer, das stark genug war, um ein Ei zu tragen, das elende Geschöpf schließlich wieder zu sich gebracht hatte, um ihnen allen die schreckliche Krankheit zu geben, die er sich eingefangen hatte, usw. usw.

Mandy Anns faszinierte Aufmerksamkeit und ihr lebhaftes Wechselspiel von Schrecken und Überraschung während der obigen Erzählung kann diese schwache Feder nicht beschreiben. Miss Paulina, die inzwischen das Sommerhaus besucht, entdeckt in Peters Körper keine Anzeichen von Fieber und ist überzeugt, dass die Krankheit des armen Körpers nicht, wie Harmy meint, „abscheulich" ist. Sie kümmert sich freundlich um sein Wohlbefinden, löst Reubens Wache ab und schickt ihn sofort zu Doktor Foster, der zu gegebener Zeit nach dem seltsamen Patienten sieht und seine plötzliche Krankheit als Herzanfall diagnostiziert. „Zweiundzwanzig Jahre hoffnungsloser Plackerei", erklärt der gute Doktor, „kurze Mahlzeiten und verdorbene Luft haben die arme menschliche Maschine irreparabel beschädigt; und obwohl sie noch eine Weile laufen kann, wundern Sie sich nicht, wenn sie jeden Tag und ohne Vorankündigung stehen bleibt." Der Doktor reitet davon zu seiner Morgenrunde; Miss Paulina gibt May-Blossom ihr spätes Frühstück und erlaubt ihr nach vielen vorsichtigen Ermahnungen, zu Peter zu gehen, der jetzt – einigermaßen genesen – in einem alten

Bostoner Schaukelstuhl „empfängt", den er für seinen besonderen Gebrauch aufgesucht hat. In dem Schaukelstuhl sitzt er kerzengerade und schaukelt mit unbeschreiblichem Vergnügen, wobei er May-Blossom versichert, dass „es die wahre Abkömmling von Mutters eigener Schaukelfreude ist und ihm das Gefühl gibt, als wäre er direkt in der alten Kaminecke und würde summen."

Während Peter seinen kleinen Besucher wiegt und mit ihm plaudert, denkt die gute Dame des Hauses über seine Angelegenheiten nach und führt folgende Monologe: „Das arme Geschöpf, wie Doktor Foster sagt, wird niemanden lange belästigen. Er liebt mein kostbares Kind. Warum sollte ich die beiden trennen? – beide gehen leider denselben traurigen Weg. Das Gartenhaus könnte leicht bewohnbar gemacht werden. Er könnte dort ganz allein leben – zumindest bis das kalte Wetter einsetzt. Die Kosten für seinen Unterhalt kann ich aus meinem Überfluss gut ersparen. Die Nachbarn werden sicherlich Einwände erheben; und da ist Harmy, der versöhnt werden muss; aber was soll aus dem verlassenen, obdachlosen Geschöpf werden, wenn ich ihm den Rücken kehre? Was soll das denn (mit einem entschlossenen Nicken und lautem Nachdenken)? Ich habe mich entschieden. Er soll bleiben. Recht ist Recht. Dessen ist man sich sicher; und die Vorsehung kümmert sich um den Rest."

In Übereinstimmung mit diesem Entschluss geht Peter Floome noch am selben Tag in den Haushalt. Ein liliputanischer Waschofen mit improvisiertem Rauchabzug wird vom Blechmann im Gartenhaus aufgestellt. Ein alter Schrank gegenüber *dem* Ofen wird gescheuert und mit Lebensmitteln und Kochutensilien gut gefüllt, und ihm werden ausreichend einfache Tische und andere Möbel zur Verfügung gestellt; und Peter stöhnt buchstäblich unter „einer Qual der Wahl". Auch eine Kiste mit Kohle wird ihm zur Verfügung gestellt, und als er die Erlaubnis erhält, sich unbegrenzt Brennholz aus Miss Paulinas wucherndem Holzstapel zu hacken, rinnen Tränen der dankbaren Freude über die müden alten Wangen von Peter Floome. Aus den luxuriösen Tiefen seines Bostoner Schaukelstuhls beobachtet er benommen diese großzügigen Vorbereitungen für seine Haushaltsführung und erklärt May-blossom (die sich in einem ebenso entzückten Zustand befindet) immer wieder, dass „das die Holländer schlägt, und er niemals, und es ist, als würde man von einer dieser guten Feen im Märchenbuch aufgenommen!" Aber als er tatsächlich vom Schneider aus Saganock *vermessen wird* , wird er anschließend in eine Hose gekleidet, die speziell auf seine eigenen plumpen Beine zugeschnitten ist, und in einen Mantel, der zwar grob und schlicht ist, aber nicht ohne eine leichte Berücksichtigung der Maße seines Trägers gefertigt wurde; eine nagelneue Krawatte und ein anständiger Strohhut, ganz zu schweigen von einem sauberen bedruckten Hemd (von letzterem gibt es einen prächtigen Vorrat von fünf anderen, ebenso neu und sauber). Seine Bewunderung und sein

Staunen und May-blossoms Stolz auf ihn sind absolut unbeschreiblich. Sogar Harmy selbst, die durch diese Metamorphose der guten Fee erweicht wurde, wird distanziert freundlich und erkennt in diesem anständigen alten Körper kaum das anstößige Wesen ihres einstigen Misstrauens und ihrer Abneigung. Nach Ablauf einer ganzen Woche bemerkt sie grimmig gegenüber Reuben, dass „sie noch nichts vermisst hat, obwohl es natürlich schrecklich unangenehm ist, solche Kreaturen hier zu haben."

Obwohl Peter Floome eine ganze Flasche von Doktor Fosters Tropfen nimmt, erholt er sich nie ganz von diesem ersten schweren Anfall seiner tödlichen Krankheit. Auch Maiblüte ist kränklicher. Peters Ankunft auf dem Gehöft mit der damit verbundenen Aufregung war zu viel für den zarten kleinen Körper. Schon sind jene trügerischen Zeichen der Genesung, die Miss Paulinas Herz so aufheiterten, verschwunden. Bevor die Sommerrosen verwelken, ist allen klar, dass der Tod in Kürze diese Knospe für sich beanspruchen wird, die „niemals zu einer Rose werden wird".

Miss Paulina hört die Kiefern auf dem Friedhof in müder, monotoner Stimme klagen, während der Fluss, der heiter unter dem saphirblauen Junihimmel dahingleitet, das traurige Unterlied wiederholt. Ach, und ach, dass Leben, Tod und wahre Liebe in dieser schönen Welt immer Seite an Seite leben müssen! Der treue alte Peter, der in seiner Liebesarbeit nie müde wird, trägt den abgezehrten jungen Körper, der jetzt zu schwach ist, um sein eigenes leichtes Gewicht zu tragen, in vorsichtigen Armen hierhin und dorthin. An schönen Tagen trägt er ihn zärtlich vom Lager in den Garten. Denn es ist immer noch die Freude der Maiblüte, verträumt in einer niedrigen Hängematte zu schaukeln, die an den kräftigen Zweigen zweier riesiger Ulmen hängt, manchmal bei sich selbst, öfter Peter oder Miss Paulina ihre unschuldigen Träume anzuvertrauen. Oft gehen ihre Gedanken zurück in das graue alte Gefängnis. Liebevolle Erinnerungen an ihr Kinderleben und zärtliche Erinnerungen an schäbige alte Freunde in diesem trostlosen Heim sind immer noch bei ihr. Diesem jungen, fröhlichen Geschöpf, das noch nicht satt ist von seinem süßen neuen Wein, ist das Dasein noch unendlich lieb; und obwohl der Tod naht, eilt sie ihm nicht entgegen, sondern wendet ihr Gesicht dem Leben zu und lebt (wie es in Gottes Gnade vielen Sterbenden widerfährt) in dem süßen, kurzen Heute. Und das ist gut so, denn der Sarg und das Grab sind, selbst für das „nicht beendete Leben", keine Dinge, über die man grübeln sollte.

Während Peter Floome, bewaffnet und ausgerüstet mit einer selbstgebauten Fliegenbürste, drachengleich die Siestas seiner verzauberten Prinzessin im Freien überwacht, geht der Sommer zu Ende und wir müssen uns um den Haushalt des Ex-Sträflings kümmern. Harmy Patterson ist uns natürlich zuvorgekommen und hat aufgrund ihrer Beobachtungen schon vor langer Zeit erklärt, dass es „schrecklich ist, diesen Mann herumalbern und Fett auf den Boden des Gartenhauses spritzen zu sehen!" Und tatsächlich ist es sogar für das unvoreingenommene Auge schmerzlich offensichtlich, dass die Natur bei der Erschaffung von Peter Floome weder eine Köchin noch eine Hausfrau oder gar eine Küchenhilfe im „geistigen Auge" hatte. Obwohl niemand hilfsbereiter sein könnte, ist er bei allen Tätigkeiten im Haus, mit Ausnahme der sanften Pflege der Maiblüte, so unbeholfen, dass man fast zu der phantastischen Vermutung neigt, diese außergewöhnliche Geschicklichkeit sei vielleicht das Ergebnis irgendeiner früheren Erfahrung von Peter als Kindermädchen.

Peters sanfte Unaufdringlichkeit, seine stets respektvolle Rücksichtnahme auf Harmys Wünsche und Urteilsvermögen und vor allem seine götzendienerische Hingabe an „das gesegnete Lamm, die Maiblüte" werden wohl am Ende sogar Harmys soziale Vorurteile überwinden. Eines Morgens, als der arme Mann kränklich ist und seit ein oder zwei Tagen „schlabberig, schäbig und unordentlich" ist, was für ihn ungewöhnlich ist, begegnet Miss Parker der guten Frau auf ihrem Weg zum Gartenhaus, die ein Frühstückstablett trägt, das einem König würdig wäre. Harmy errötet, als sei sie bei einer versteckten abfälligen Bemerkung ertappt worden, und bemerkt entschuldigend: „Wenn Leute krank sind, kann man nicht daneben stehen und sie leiden sehen, und was auch *immer* sie tun, fallengelassene Eier und Muffins und Broma werden ihnen nicht schaden. Was Männer angeht", behauptet sie, „ *sind sie nie* in der Lage, für sich selbst zu kochen und zu sorgen, und vielleicht wäre es doch eine Ersparnis für die Familie, wenn sie sich gleich um sein Essen kümmern würde."

Ihre Herrin stimmt diesen sparsamen und menschlichen Ansichten eilig zu, und fortan „kümmert sich Harmy *um* seine Verpflegung", wodurch sich die gesundheitlichen Bedingungen des armen Peter erheblich verbessern, dessen „Mahlzeiten", wie sehr sie auch sonst mit Vorzügen aufwarten mögen, *nicht* dyspeptisch sind. Peter, der wie die meisten seines Geschlechts besonders empfänglich für die Verführungen der Küche ist, ist tief beeindruckt von den häuslichen Fähigkeiten seines Caterers und bemerkt in vertraulichem Gespräch mit Reuben bewundernd, dass „Miss Pattersons Kochkünste die der Holländer übertreffen; und wenn es ums Bodenscheuern geht, sieht er sie nie wirklich; und wenn sie in jüngeren Tagen geheiratet hätte, was für eine Ehefrau wäre sie geworden!"

Nachdem sie Peters Küche auf diese Weise in Ordnung gebracht hat, überlegt Harmy, ob es sinnvoll wäre, eine gewisse Unregelmäßigkeit in seinem Verhalten zu korrigieren, „die ihr (wie sie es ausdrückt) schon eine ganze Weile auf dem Herzen liegt."

Da diese Reform nicht leichtfertig oder im Alleingang in Angriff genommen werden darf, beschließt sie, ein Bündnis mit Ruben einzugehen. Und zu diesem Zweck zieht sie den Knecht an einem mondhellen Abend, als die beiden ganz allein sind, ins Vertrauen. „Denn", sagt die gute Frau, „ich stelle es dir jetzt vor, und da ich alt genug bin, deine Mutter zu sein, ist so etwas zwischen uns nicht schlimm, Ruben. Ich stelle es dir vor, wenn es dir nicht skandalös vorkommt, wenn ein Mann sich anzieht und ins Bett geht, während die Tür weit offen steht, und eine anständige Frau ihn aus dem Schlafzimmerfenster beobachtet? Natürlich wende ich meine Augen nie in seine Richtung, aber ich kann nicht anders, als es zu spüren, und es stimmt, du lebst, Ruben, wenn er nicht Nacht für Nacht dort schläft, mit der Tür direkt vor meinem Gesicht!"

„Vielleicht braucht er Luft", entschuldigt sich Reuben.

"Warum um Himmels Willen", erwidert Harmy, "macht er dann nicht seine Tür auf? Nun, Reuben, geh mir zuliebe noch heute Abend und mach die Tür zu. Wenn die Leute nicht wissen, was Manieren sind, ist es am besten, ihnen einen Hinweis zu geben, sage *ich*, und zehn zu eins wird er bis zum Morgen nicht klüger sein, denn meines Wissens ist er nach der Küchenuhr eine halbe Stunde im Bett."

So dringend gebeten und bereit, der Bitte nachzukommen, geht Reuben vorsichtig den Gartenweg hinunter und schließt, beruhigt durch das tiefe Schnarchen drinnen, leise die Tür des Gartenhauses. Er will gerade umkehren, als Peter Floome auf den Boden knallt! Die Tür geht mit einem Knall auf, und eine Stimme, so energisch und wild, dass Reuben sich auf dem Absatz umdreht, um sich zu vergewissern, dass der Sprecher wirklich Peter ist, ruft wütend aus: „Nein, das *tust du* jetzt nicht! Bin ich nicht Nacht für Nacht wie ein Hund in einem Zwinger eingesperrt worden, sagen wir, seit zweiundzwanzig Jahren? Und was zum Teufel nützt es, einen Mann zu begnadigen, wenn man ihm nicht den Schwung seiner eigenen Schlafzimmertür geben kann?"

Reuben, der ein bisschen Humor zu schätzen weiß, berichtet seiner Herrin am nächsten Tag ausführlich von diesem erfolglosen Versuch Harmys, Peter dazu zu bringen, die Anstandsregeln einzuhalten. Miss Paulina entscheidet sich in ihrer Güte und Weisheit für die offene Tür, und danach öffnet Peter, „wie der, der den Schlüssel Davids hat, und niemand schließt zu". Die tiefe Befriedigung dieses zellengeplagten Geschöpfs in seiner offenen Tür ist in der Tat etwas, das man sich ansehen sollte, und Harmy, zweifellos berührt von dem heimeligen Pathos der gebeugten, reglosen Gestalt, die (oft bis tief in die Nacht hinein) in seiner niedrigen Tür sitzt, getaucht in die zarte Schönheit des Sommermondlichts oder als momentane Silhouette scharf in die Dunkelheit projiziert durch grelle Blitze des Sommers, ändert schließlich ihre Meinung und duldet stillschweigend Peters dreisten Verstoß gegen den Anstand.

Da Peter Floome seine Fähigkeit zu sprechen lange nicht benutzt hat, ist er gewöhnlich schweigsam geworden. Seine langwierigen Anfälle fast verbissenen Schweigens werden jedoch durch ebenso abnorme Anfälle von Geschwätzigkeit abgelöst. In diesen Stimmungen führt er lange und vertrauliche Gespräche mit Reuben. An einem Sommerabend, wenn er in seiner bescheidenen Tür sitzt, erzählt er zu seiner Unterhaltung solche Gefängnisklatsches oder solche Vorfälle aus dem Gefängnisleben, die sich in seinem nachlassenden Gedächtnis festgesetzt haben. Bei solchen Gelegenheiten verleiht oft ein Anflug des alten Zynismus seinen Reden Schärfe, aber normalerweise ist er auf liebenswürdige Weise mit seinem Schicksal im Einklang und im Reinen mit sich selbst und seinem Nächsten. Sehen Sie ihn heute Abend schon auf seiner Sprechmütze. Harmy und Mandy Ann sitzen auf den Stufen des Gartenhauses; Reuben, ermüdet von einem langen Tag Heuernte, lehnt sich faul im Gras zurück; Peter ist inzwischen gnädig darauf bedacht, den dreien seine leckersten Gefängnis-Leckerbissen zu servieren. Harmy, die Rheuma hat, beehrt diese Zusammenkünfte im Freien nicht oft mit ihrer erhabenen Anwesenheit; „aber heute Abend", wie sie selbst erklärt, „hat sie sich nach einem Hauch frischer Luft gesehnt und ist einfach in den Garten geschlendert und hat sich gedacht, sie könnte sich genauso gut zu ihnen setzen und eine Weile ausruhen." Nachdem Peters Publikum gesichert ist, öffnet er seine Gefängniserinnerungen und probt ein langes, herzzerreißendes Drama, bei dem Harmy ihr Taschentuch herauszieht und über eine Erkältung klagt, während Mandy Ann lauthals schluchzt und Reuben selbst durch ein hörbares Schniefen erkannt wird.

„Das ist keine spannende Geschichte, muss ich sagen", entschuldigt sich der Erzähler, „und vielleicht hätte ich es euch Frauen nicht erzählen sollen. Nun, wir müssen alle gehen, wenn unsere Zeit gekommen ist; und der Tod ist nicht das Schlimmste auf der Welt, nein, nicht einmal in einem Krug! Und wann immer der Allmächtige uns ruft, hoffe ich, dass wir uns alle der Musik stellen und mit fliegenden Fahnen davonziehen."

Harmy, der die Gleichnisse des Petrus für zu verwerflich weltlich hält, schlägt hier als passende Lehre das Gleichnis von den zehn Jungfrauen vor und rät Reuben und Mandy Ann, „in die Kirche zu gehen und ihre Lampen zu reinigen und anzuzünden, wenn der Bräutigam kommt."

Peter ignoriert das Gleichnis und bemerkt respektlos, dass „alle Ballous ordentlich begraben worden sind"; und als er an die Reihe kommt, bittet er nur darum, einen Marmorgrabstein mit eingemeißelten Versen zu haben, genau wie der Rest seiner Leute. Was nach dem Tod kommt (behauptet er philosophisch), „hat keinen Sinn, sich darüber Sorgen zu machen; denn es ist logisch, dass der Herr seine Geschöpfe nicht in dieser *Welt durch dick und dünn begleiten und sie dann in der anderen* im Stich lassen wird ."

Ruben, der nicht nachdenklich ist, gähnt hier hörbar und drückt seine Absicht aus, sich „zurückzuziehen", indem er ihnen schläfrig eine gute Nacht wünscht. Die „Frauen" folgen seinem Beispiel und Peter bleibt allein in seiner mondbeschienenen Tür zurück.

„So eine Nacht hat es noch nie gegeben", versichert Harmy Mandy Ann, die gerade ins Bett geht, immer wieder. „Hell genug, um im Mondschein eine Stecknadel aufzuheben, und zu angenehm, als dass ein Sterblicher an Schlaf denken könnte!"

Gemächlich bereitet sie ihren Schwamm für das Backen am nächsten Tag vor, sammelt ihr Silber zusammen, verriegelt die Türen und kümmert sich um die Fensterverschlüsse, bevor sie sich widerstrebend in ihr Zimmer zurückzieht.

Da Harmy nicht in Schlafstimmung ist, sitzt sie halb ausgezogen da und blickt in den mondbeschienenen Garten. Ihr ist nicht wohl. „Wir leben in einer sterbenden Welt", sagt sie düster in ihren Monologen. „Hier ist unsere Maiblume, das arme, gesegnete Lamm! Sie wird jeden Tag schwächer, so dass es naheliegend ist, dass sie nicht mehr lange durchhält; und Miss Paulina ist so in das Kind vernarrt, dass nur der Herr weiß, wie *sie* den Abschied überstehen wird! Und da ist Peter, der mit diesem lästigen, stechenden Herzen herumläuft, das jeden Tag ohne Vorwarnung aufhören kann zu schlagen.

"Natürlich", sinniert sie rückblickend, " *war es* im letzten Frühjahr ein Kreuz, einen Sträfling in die Familie aufzunehmen; und zu sehen, wie sich das Kind an ihn klammerte, ihn umarmte und sich an ihn schmiegte, als wäre er ihr eigen Fleisch und Blut; aber hier (juristisch und mit Nachdruck) möchte ich *sagen* , *dass* Peter Floome, obwohl er bei der Hausarbeit unendlich schlampig und schlampig ist und skandalöse Vorstellungen über seine Schlafzimmertür hat, nicht das Geringste Böses an sich hat; und es ist eine Menge Gesellschaft, ihn dort nachts in der Tür dieses Sommerhauses sitzen zu sehen. Nun, *er ist* gegangen und hat sich hingelegt, wie ich sehe; und es ist wohl an der Zeit, dass ich seinem Beispiel folge."

Der Nachtwind frischt auf. Er rauscht rhythmisch durch die große Kiefer neben der Westtür und schickt einen kleinen Schneesturm aus Fliederblättern über die Gartenwege.

Es holt gewürzartige Düfte aus uralten, nelkenrosa Büscheln. Hohe Sommerlilien, die schläfrig auf ihren Stielen nicken, atmen wie Weihrauch in die taufrische Luft. Brütende Vögel zwitschern schläfrig zwischen den grünen Lindenzweigen, und über allem liegt, wie Gottes Segen, der wunderbare Glanz des stillen, weißen Mondlichts.

„Nun", erklärt Harmy und spricht ihren Gedanken aus, während sie ihre Nachtmütze zubindet und noch einmal einen guten Blick in den Garten wirft. „Ich muss sagen, dass der Herr seine Geschöpfe in eine schöne Welt gesetzt hat, und da kann ich mich nicht irren! Ich nehme jetzt an", fügt sie reumütig hinzu, „dass ich schrecklich böse bin, das zu *sagen* , aber irgendwie kann ich einfach nicht glauben, dass die Dinge so sind, wie sie sein sollten. *Meiner* Meinung nach wäre es besser gewesen, wenn man alles auf uns Methusalems geschoben hätte . Es ist schrecklich beunruhigend, in einer *sterbenden Welt* leben zu müssen , egal *wie* armselig sie ist."

Immer noch von ängstlicher Vorahnung erfüllt, löscht Harmy ihre Kerze, schläft ein und vergisst im Schlaf die unbefriedigende Regelung ihrer alltäglichen Angelegenheiten.

Im frühen Morgengrauen wird sie durch das Läuten von Miss Paulinas Zimmerglocke geweckt, und bevor sie richtig in ihr Kleid geschlüpft ist, kommt Mandy Ann und ruft sie an das Bett von May-blossom. Das Kind sinkt schnell. Doktor Foster ist bereits hier, aber menschliche Hilfe ist nutzlos. Auf einen heftigen Hustenanfall ist eine grausame Blutung gefolgt, die ihre dünnen blauen Adern bereits ausgelaugt hat. Erschöpft und bewusstlos wartet sie an der Grenze zwischen Leben und Tod, und dort drückt der gute Doktor Miss Parkers zitternde Hand und drückt dem sterbenden Kind einen letzten Kuss auf die Stirn. Dann überlässt er sie dem, in dessen Händen Leben und Tod liegen.

Den ganzen Tag lang liegt die Maiblüte besinnungslos auf ihrem weißen Lager und blickt, wie Harmy es so treffend ausdrückt, mit großen, leeren Augen „direkt in den Himmel".

Kein kostbares „letztes Wort" durchbricht das Schweigen ihrer süßen, gefalteten Lippen. Es gibt keine Hoffnung mehr, an die man sich klammern kann, nicht einmal die traurige Erwartung eines sterbenden Lächelns; und so geht der langsame Tag in die Nacht über.

Miss Paulina – mit gebrochenem Herzen – hängt über dem lieben, bewusstlosen Körper; und in jener Ecke sitzt Peter Floome („Wie in aller Welt konnte Miss Paulina ihr Einverständnis geben, dass er seit dem Morgen hier bleibt, ohne einen Mund voll Essen und Trinken und ohne auch nur ein Wort der Erwähnung seiner besten Freunde?", kann Harmy Patterson nicht beurteilen; „aber da! Die Leute *machen* manchmal seltsame Dinge; und einen Mann so stundenlang zusammengekrümmt sitzen zu sehen, während ihm die Tränen über die Brust rinnen, *ist* furchtbar anstrengend!"). Um Mitternacht überredet Harmy Miss Parker, „einen Moment zu schlafen; Sie werden vor dem Begräbnis ganz fertig sein", drängt sie. „Jetzt hören Sie mir zu ! Ich bin die Älteste, Miss Pauly, und habe in meinem Leben viel Krankheit und Tod gesehen." So überredet, sucht die arme, erschöpfte Dame ihr Zimmer auf und fällt bald in einen unruhigen, aber schweren Schlaf. Harmy in einem geblümten „losen Kleid", wunderbar in Farbe und Muster, bewacht das Sterbebett der Maiblüte. Peter Floome, still, reglos, mit gesenktem grauen Kopf, bleibt immer noch an seinem Platz – er weist jede Annäherung seiner Trösterin zurück, die sich gereizt sagt: „Um Himmels Willen, ich wäre lieber ganz allein!"

Wie still die Nacht ist! Eine Rotkehlchenmutter, die ihre Küken in der hohen Linde neben dem offenen Fenster brütet, zwitschert von Zeit zu Zeit schläfrig. Ein hartnäckiger Junikäfer, der unbeholfen gegen Wand und Decke hüpft, mutwillig bricht mit der feierlichen Stille. Auf der Kommode steht Maiblütens eigene Lieblingsvase – eine parische Hand. Darin liegt noch immer ein verblasstes Bündel von Marienblüten, das dort gestern von ihrer eigenen süßen Hand hingestellt wurde. Die lange Julinacht dauert an. Harmy tritt in regelmäßigen Abständen leise ans Bett, beugt sich zärtlich über ihre Schützlinge und lauscht eine Weile dem mühsamen Atmen des Kindes. Dann wirft sie einen verstohlenen Seitenblick auf den stillen Wächter, dessen Anwesenheit ihrer *Meinung* nach nicht gut zu der Situation passt. Sie wiegt sich wieder sanft und stöhnt leise: „Du meine Güte! Ich nehme an, es ist Gottes Wille. Aber wenn ich dieses kostbare Kind ansehe, kann ich einfach nicht anders, als direkt dagegen zu beten! Vielleicht kann ich auch ein paar Kapitel lesen (und nehme eine schwere Bibel von einem Ständer neben dem Kamin). Die Scripters sind ein wunderbarer Trost in Zeiten der Not."

Und jetzt wird Harmy Patterson – eine gute altmodische Christin, die nie daran zweifelt, dass Gott selbst buchstäblich jedes Wort zwischen den Buchdeckeln ihrer „King James-Ausgabe" geschrieben hat – durch eine fromme Lektüre des Buches der Klagelieder mächtig erbaut und beruhigt! Harmy mag lange Kapitel, und zwar viele davon; und nachdem sie die Klagelieder durchgelesen hat, liest sie immer weiter, bis sie (selbst wenn man sie auf die Folterbank zwingen würde, könnte man sie nicht dazu bringen, es *zu gestehen*) fest einschläft.

Horch! Zwitschert da das Rotkehlchen in der Linde? Ach nein! Ein noch traurigerer und hoffnungsloserer Laut stört ihre Ruhe. Es ist das Röcheln des Todes! Noch einen Augenblick, und sie eilt zu dem Kind. Peter Floome ist ihr bereits zuvorgekommen und kniet neben dem Bett und umklammert mit seiner rauen braunen Handfläche die schlanke weiße Hand seines kostbaren Säuglings. Ein grausamer Krampf erschüttert den zarten Körper. Die kleinen Arme sind in Qualen nach oben geschleudert! Einen Augenblick, und es ist vorbei – Gott sei Dank! der letzte Todesstoß! Und jetzt wird das süße Gesicht aus Carrara-Marmor von einer Morgendämmerung erhellt, die nicht von dieser Erde ist. Ein Lächeln der Ekstase versüßt die sterbenden Lippen, und während die bewussten grauen Augen liebevoll auf den vertrauten gesenkten Kopf neben ihr blicken, flüstert sie in verzückter Überraschung: „Aber, Peter! Peter! Es ist Morgen!" Ein schwaches Keuchen – ein einziges Flattern des versagenden Atems, und alles ist vorbei. Harmy Patterson beugt ihre steifen alten Knie, ergreift die Hand von Peter Floome und die beiden weinen still zusammen. Peters anbetender Blick ist immer noch auf das liebe tote Gesicht gerichtet und während seine rechte Hand immer noch die der Maiblüte umklammert, drückt er mit seiner linken die von Harmy und jammert mit gebrochenem Herzen: „Oh, Miss Patterson, Miss Patterson! Es ist nichts mehr *übrig* !"

„Es ist der Wille des Herrn, Peter", ermahnt Harmy fromm; „und wir müssen uns alle davor beugen und es ertragen. Aber, oh Land (sie erhebt sich abrupt)! Wie in aller Welt ich es Miss Paulina beibringen soll (und sie ist in letzter Minute nicht hier), ist mir schleierhaft ; aber ich muss es *tun* , *und zwar* sofort ." Und sie lässt ihren Mittrauernden noch auf den Knien zurück und eilt aus dem Zimmer, um ihren unangenehmen Auftrag zu erledigen. Harmy zögert trotz ihrer besten Absichten eine Weile. „Es ist schade", sagt sie zu sich selbst, „sie mit ihrem Kummer aufzuwecken, wo sie doch so gesund und ruhig ist. Ich habe vor, sie noch eine Minute liegen zu lassen." Und das *tut sie* , aber bald sind die beiden Frauen neben der lieben Toten. Miss Paulina – ihrem eigenen süßen Selbst treu – hält den Kummer ihres schmerzenden Herzens zurück, während sie freundlich versucht, das arme, gebeugte Geschöpf zu trösten, das sich noch immer an sein geliebtes Baby klammert. Sie umklammert zärtlich seine losgelöste Hand und versucht mit sanfter Kraft, ihn aus dem Zimmer zu ziehen. Die Hand ist gefühllos und kalt. Der ganze Körper wirkt seltsam schlaff und lustlos! Endlich dämmert ihr die Wahrheit – „Peter Floome ist tot!" Ja, sein liebevoller, treuer Geist folgte dem Flug dieses –

„Kleine schöne Seele, die keine Sünde kannte",

war sanft und schmerzlos aus dem sterblichen Leben geschieden; und wer kann sagen, dass der Sträfling, der „vom Leib seiner Sünden befreit" ist, nicht Seite an Seite mit dem unschuldigen Gefängniskind im „Haus der vielen Wohnungen" wohnen kann?

Raue Männer kommen mit schweren Schritten, um den Toten aus dem Zimmer zu tragen, doch es ist Miss Paulina selbst, die die ineinander verschränkten Hände zärtlich löst, sich dann ehrfürchtig zu dem gesenkten grauen Haupt beugt, ihr eigenes in stillem Segen darauf legt und ohne Stimme die gnädigen Worte wiedergibt, die vor Jahrhunderten von den gesegneten

Lippen des göttlichen Mannes fielen: „Seine Sünden, obwohl viele, sind ihm vergeben, denn er *liebte viel*.“

Und nun blüht bereits die rote Rose der Morgendämmerung am Sommerhimmel, und wie verspätete Geister, die möglicherweise nicht bis zur aufgehenden Sonne warten, schleichen wir uns lautlos aus der Kammer des Todes.

Jahr für Jahr blüht das blauäugige Immergrün auf einem niedrigen, kurzen Grab in dieser „Stadt der Stille“, dem Friedhof von Saganock. Sein Grabstein ist ein Schaft aus Carrara-Marmor. Eine geschnitzte Lilie, am Stiel abgebrochen, als Sinnbild für das unerfüllte Versprechen eines Lebens, hängt über dieser einfachen Inschrift:

„Ihr Name war Mabel.“

Auf dem alten Friedhof unter den Kiefern befindet sich ein weiteres Grab, und bevor der Rasen darauf grün geworden war, war es Miss Paulinas fromme Sorge, einen bescheidenen Grabstein dafür zu bestellen, und im Bewusstsein von Peters innigem Herzenswunsch ließ sie „ *Verse darauf meißeln* “.

Miss Paulina wendet sich entschlossen von ihrer eigenen traurigen Welt der Gräber ab und lebt selbstlos in anderen Leben weiter. Sanfte Taten der Wohltätigkeit und Liebe blühen dicht entlang ihres anmutigen Lebenswegs, wie Rosen an ihren Stängeln blühen, und sie träumt nicht davon, dass durch sie die Welt süßer wird.

Harmy, mit siebzig, glaubt immer noch, dass sie jeder häuslichen Notlage gewachsen ist. Reuben, der „auf seine Art achtet“, hat ihre weisen Ermahnungen beherzigt. Er hat „die Kirche befolgt“. Mandy Ann und er sind eins geworden. Diese Heirat hat kaum eine Spur in ihrem ruhigen Leben hinterlassen, das immer noch dem Dienst des Hauses Parker gewidmet ist.

Timothy Tucker bewacht die Eisentüren des Gefängniswärterzimmers nicht mehr. Bald nach dem plötzlichen Weggang von Direktor Flint und dem damit verbundenen Verlust der Maiblüte aus seinem unsympathischen Leben wanderte er nach Kalifornien aus. Im sonnigen San Francisco ist er der zufriedene Besitzer eines florierenden Vogelladens geworden. Wie auf seinem blau-goldenen Schild ordnungsgemäß angegeben, sind in diesem Handelsunternehmen „Vögel, Käfige und Samen sowie Sträuße und Schnittblumen aller Art“ erhältlich. Die Lieblingskundin des ehemaligen Gefängniswärters ist ein kleines Mädchen, das zehn süße kalifornische Sommer erlebt hat. Ihre Augen sind wie der Saphir eines Mittagshimmels. Ihr Haar ist der geflochtene Sonnenschein ihres eigenen goldenen Klimas.

Niemand (nicht einmal die bezaubernde kleine Käuferin selbst) ahnt, warum der Vogel- und Blumenhändler diesem schönen Geschöpf immer das Doppelte ihres Geldes an Veilchen, Nelken oder Rosen gibt oder warum er letzten Winter zwei gelbe Kanarienvögel als Weihnachtsgeschenk für seinen Jahrmarkt bis zum Äußersten ihrer hübschen Möglichkeiten dressierte. Doch eines Tages, als dieses kleine Mädchen, einen üppigen Strauß Parma-Veilchen in der Hand, lächelnd von seiner Tür wegging, hörten die zuhörenden Papageien ihn nachdenklich einen Monolog sprechen: „Blaue Augen, aber nur solche Haare und ihr *Schritt* , perfekt! Und du bist ein wunderbar aussehendes kleines Geschöpf, ganz gewiss. Aber (traurig schüttelte er seinen grauen Kopf) du bist nicht *sie* . Nein, nein, nein! Bei weitem nicht!“

ENTKAM.

In geräumigen Eckzelle, die über ein verglastes Fenster verfügt und weitaus fröhlicher ist als ein gewöhnliches Krankenhausabteil, sitzt ein blasser, ernster Mann mit sensiblem Gesicht und eisengrauem Haar und schreibt .

Wenn man ihm über die Schulter schaut, erkennt man (so absurd es auch erscheinen mag), dass er Einträge in ein normales nautische Logbuch macht. Das ist seit vielen Jahren seine tägliche Praxis; denn dieser Sträfling, dessen gebeugte Gestalt und gedämpftes Gesicht keine Spuren des einstmals „fröhlichen Teers" aufweisen, ist ein geborener Seemann.

Sein Gefängnisname ist Robert Henderson. Seine Geschichte ist die alte, alte – ein wilder Kampf im Hafen; ein betrunkener Streit mit einem betrunkenen Schiffskameraden; ein rücksichtsloser Angriff; ein unbeabsichtigter Mord und eine darauf folgende lebenslange Haftstrafe im Staatsgefängnis. Obwohl Henderson zur Behandlung im Krankenhaus ist, ist er noch auf den Beinen und durchaus in der Lage, die Pflege der schwächeren Sünder zu übernehmen, die von Zeit zu Zeit in das andere Feldbett in seiner Schlafzelle verlegt werden.

Achtzehn langsame Jahre hinter Gittern haben heilsame Reue und vergebliches Bedauern mit sich gebracht; und unter diesem Druck zerbricht er allmählich. Es gab Zeiten, da war sein ganzes Wesen von einer ruhelosen, heimwehkranken Sehnsucht nach dem Meer beherrscht – eine Form dieser Nostalgie, die in der Medizin als echte Krankheit anerkannt wird, das leidenschaftliche Verlangen des landumschlossenen Seemanns nach seiner weiten, wogenden Heimat – dem Meer.

Dieser sanftmütige Sträfling war mir schon lange vor seiner Einlieferung ins Krankenhaus aufgefallen und ich hatte seine Geschichte aus dem Mund der Beamten gehört.

Durch sein korrektes Benehmen und seine gewissenhafte Einhaltung der Gefängnisregeln hatte er die Gunst des Direktors gewonnen, der ihm stillschweigend ein solches Mitgefühl entgegenbrachte, wie man es, ohne das Verbrechen im Geringsten zu beschönigen, sogar einem Mörder entgegenbringen kann, wenn seine tödliche Tat das unglückliche Ergebnis einer momentanen Raserei ist und nicht auf angeborene Verderbtheit hinweist.

Henderson ist ein Geschöpf von überschäumender Vitalität, aber er hat sich körperlich nur Stück für Stück einer Umgebung unterworfen, die seinem Temperament und seiner Erziehung vollkommen entgegengesetzt war. Von Natur aus zurückhaltend und schweigsam, beschwerte er sich selten; doch an einem bestimmten Tag, als der Duft einer fremden Frucht, die ich ihm mitgebracht hatte, in ihm alte Erinnerungen an tropische Meere und liebliche sonnige Länder geweckt haben mag, ließ er seiner Sehnsucht freien Lauf. Es war an einem Empfangstag im Gefängnis, und ich war sein „Besucher"; und lange danach, als das Ende kam, erinnerte ich mich an seine Worte und dankte Gott, dass er diesem lange verleugneten Wesen endlich den Wunsch seiner Seele erfüllt hatte.

„Ja, Lady", sagte er, „ich bin auf dem Meer geboren und aufgewachsen, meine Mutter war die Frau eines Kapitäns und unternahm damals mit meinem Vater die Rundreise. Warum! Sogar *jetzt* ", murmelte er leidenschaftlich, „*könnte ich den Atlantik in* Hemdsärmeln überqueren , Lady, aber *hier*! In einer engen, feuchten Zelle! Mein Gott! Ich zittere vor Kälte und stöhne und ärgere mich wie ein krankes Baby. Oft kann ich nachts nicht schlafen, weil ich so an all das denke. Ich gehe Stunde um Stunde in meiner Höhle auf und ab wie ein eingesperrtes Tier. Ich schreie zum Himmel, zum Meer! Zum Meer! Allmächtiger Gott, gib mir nur noch einmal die Möglichkeit, es anzusehen, Salzwasser zu riechen, ein Schiff zu sehen, das tapfer über seine weiten Wogen gleitet! Danach kann ich, was auch kommen mag, zufrieden sterben."

Aus der langweiligen Monotonie des Gefängnisschuhladens ist Henderson endlich aus gesundheitlichen Gründen entlassen worden und lebt nun dauerhaft im Krankenhaus. Und so traurig es auch ist, sich als Bewohner einer Krankenhauszelle wiederzufinden und der blanken Gewissheit gegenüberzustehen, dass es für ihn keinen Ausweg gibt, außer durch diese letzte, unerbittliche Tür, die sich ins blinde Unbekannte öffnet, ist er doch vergleichsweise glücklich. So süß ist der bloße Geschmack der Freiheit auf lange verwehrten Lippen!

Jetzt kann er Stunde um Stunde im Gefängnishof spazieren gehen, der im Sommer von seinen kleinen Oasen aus Grün und Blüten (den Blumenbeeten) erhellt wird und im Winter immer noch die wohltuende, klare Luft und den freundlichen Sonnenschein genießt. Die alte Sehnsucht nach dem Meer geistert immer noch durch seinen geschwächten Geist, aber jetzt ist sie etwas, das er ertragen muss. Er hat die wilde Heftigkeit menschlicher Begierden überlebt und lindert langsam, ohne viel Leiden, die anhaltende Schwindsucht, die durch eine unheilbare Herzkrankheit verkompliziert wird.

Die Gefängnisuhr schlägt neun, und das Gefängnis selbst bereitet sich (bereits in seiner Nachtmütze) auf eine lange Nachtruhe vor.

In der verlassenen Wache und auf den nun leeren Korridoren herrscht ungestörte Stille. Hier im Krankenhaus ist die Stille der Stunde weniger ungebrochen. Fünf Schwindsüchtige (wie es ihre Gewohnheit ist, die armen Kerle!) husten die ganze Nacht hindurch; und in der Zelle dort drüben stöhnt ein Mann mit einem großen Karbunkel unter dem Ohr bei jedem Atemzug *mit gedämpfter Stimme*.

Im zweiten Stock, in der großen Zelle oder dem großen Raum am oberen Ende der Treppe (der je nach Bedarf für Kranke, für Untersuchungen oder als Operationssaal genutzt wird und von dessen mehreren Betten derzeit nur eines belegt ist), liegt ein Sträfling im Sterben. Er hat lange darüber nachgedacht, denn seine Vitalität ist enorm. In seinem einzigen Körper scheinen mindestens zwei Hundertjährige zu stecken.

Die Natur jedoch *macht* uns zu Menschen, und der Teufel *verdirbt* sie. Und hier liegt, bevor sein erstes graues Haar kommt, das von der Sünde verdorbene Material für einen lebhaften alten Patriarchen von hundert Jahren!

Er lässt sich jedoch nicht so leicht aus der Existenz streichen. Selbst dieses ruchlose alte Gefängnis beseitigt ihn nicht so leicht. Die Schwindsucht, den auserwählten „roten Jäger" seiner „Erschlagenen", verhöhnt er mit seinem letzten flatternden Atemzug.

Dieser verwegene und verzweifelte Sünder hat sich selbst unter den Nachteilen der Gefangenschaft als hervorragender Schurke erwiesen. Unermüdlich in seinen Bemühungen, seine verlorene Freiheit wiederzuerlangen, und mit reichlich Mitteln zu diesem Zweck hat seine Gefangenschaft (selbst in strengster Gefangenschaft) die offizielle Seele schwer gequält. Durch wiederholte Angriffe auf seine Mithäftlinge und die Gefängniswärter (zu diesem blutigen Zweck hat er die tödlichsten Waffen aus den unvorstellbarsten Gegenständen hergestellt) hat er beinahe jeden Anspruch auf menschliches Mitgefühl verloren, und die gesamte Gefängnisgemeinschaft hat ihn längst seinem teuflischen Besitzer ausgeliefert. Seine schwache Gesundheit und die damit verbundenen Notwendigkeiten haben diesen wilden, ruhelosen Geist teilweise unterworfen, aber selbst jetzt, im letzten Stadium der Schwindsucht, unfähig, sich von seinem Kissen zu erheben und bereits am ernsten Rand einer unbekannten Welt, ist das abnorme Böse noch stark in ihm. Seit ein oder zwei Tagen ist er im Delirium; und obwohl er viel zu erschöpft ist, um körperlicher Zurückhaltung zu bedürfen, ist er selbst in seiner Hilflosigkeit halb furchterregend. Die sterbende Seele schwelgt noch immer in Erinnerungen an Szenen der Ausschweifung oder weidet sich an den abscheulichen Einzelheiten des Verbrechens. Die Arbeit des Nachtwächters ist hier eine Arbeit der Liebe; doch so zärtlich der Sträfling zu seinem kranken Kameraden ist, appelliert dieser sterbende Elende kaum an seine

Menschlichkeit; und der Eifer der Nachtwache ist in diesem Fall unangenehm kühl. Robert Henderson – der in diesem günstigen Monat Juni seine schwindenden Kräfte etwas auffrischt – hat sich freundlicherweise freiwillig bereit erklärt, heute Nacht bei diesem unbeliebten Patienten zu bleiben. Der Aufseher, der immer bereit ist, gute Absichten zu fördern, und sich kaum bewusst ist, dass Henderson für die harte geistige Belastung einer einsamen Nacht neben einem so unheimlichen Sterbebett ungeeignet ist, kommt seiner Bitte nach und um neun Uhr nimmt er seinen Platz in dem düsteren Zimmer ein. Die Zellen werden, wie üblich, für die Nacht gesichert. Der Leiter verlässt das Krankenhaus; der Koch, der wie seine Assistentin auch Krankenschwester ist, begibt sich zur Ruhe; und Henderson bleibt, eingeschlossen im Krankenhaus, mit seiner Schützling allein zurück. Es ist seine erste Wache an einem Sterbebett, und es stellt sich heraus, dass es eine außerordentlich anstrengende ist.

Während er dem gemurmelten Geschrei dieses rasenden Geschöpfs lauscht, bereut er schon fast den menschlichen Impuls, der ihn dazu verleitet hat, den Schrecken einer solchen Nacht zu trotzen. Eine Stunde vergeht. Der Mann tobt weiter. Unbestimmte und übernatürliche Schrecken beginnen den entnervten Geist des Wächters zu ergreifen. Sicherlich stürzen sich bereits böse Unholde auf ihre Beute – die scheidende Seele! Und in der Stille, die sich jetzt mit diesen wilden Ausbrüchen des Wahnsinns abwechselt, bildet er sich fast das Surren ihrer unheimlichen Flügel in dem düsteren Raum ein. Er wünschte zu Gott, es wäre Morgen und er wäre hier raus! Die Nacht hat jedoch kaum begonnen; und so wappnet er sich mannhaft für seine Aufgabe und beschließt, auf seinem Posten zu bleiben und sein Bestes zu geben, was auch kommen mag. Plötzlich hört der Patient auf zu toben und scheint keuchend mit einem starken und schrecklichen Feind zu kämpfen!

Weißer Schaum bedeckt seine blauen Lippen und große Qualen fließen auf seine Stirn. Henderson eilt an seine Seite, wischt ihm zärtlich über die schmerzverzerrte Stirn und bietet ihm etwas zu trinken an. Er hat die Zähne fest zusammengebissen. Er macht einen groben Versuch, die Bettdecke von sich zu stoßen. Henderson gehorcht der Bewegung, setzt sich und wartet auf das Ergebnis.

Nach und nach hört das krampfhafte Keuchen auf. Wieder beugt er sich über den Leidenden. Wie seltsam still der Mann ist! Keine Bewegung, kein Laut – nicht einmal ein Atemzug! Gott hilf ihm! Endlich ist er gegangen!

Wie trostlos wird die lange Nacht, hier allein mit einer Leiche eingesperrt zu sein! Der Tod sitzt schrecklich auf diesen bösen Zügen. Auf dem harten, starren Gesicht kann man noch immer die Fußspuren unheiliger und ungezügelter Begierde erkennen. Der Mund ist stark angespannt. Seine starken weißen Zähne sind grimmig zwischen den blauen, geöffneten Lippen zu sehen, und in der nervösen Phantasie des Beobachters scheinen sie selbst im Tod den Betrachter bösartig anzuknurren. Bläuliche Ringe unterstreichen die eingesunkenen Augen, die jetzt weit aufgerissen und glasig unter ihren schweren Brauen sind und sich, wie Henderson sich krankhaft vorstellt, zornig auf *ihn gerichtet haben* . Wenn er nur diese schrecklichen Augen schließen könnte! Ach! Er wagt es nicht, mit seiner zitternden Hand so etwas Kühnes zu versuchen! Vor einem Augenblick hätte er dem hässlichen Anblick den Rücken zukehren können; *nun* ist es zu spät. Durch eine hypnotische Faszination, die er nicht kontrollieren kann, ist sein Blick auf die Leiche gerichtet.

Die langsamen Stunden ziehen sich dahin. Lebende und Tote stehen sich grimmig gegenüber. Der Tote zuckt kein einziges Mal zusammen. Der Lebende erliegt schließlich dem Stress und dem Schrecken der Situation. Die Wände der Wohnung schwanken und wanken. Die Leiche wird vor ihm immer dunkler und verblasst, und er fällt schlaff und bewusstlos zu Boden.

Der überreizte Wächter erlangt allmählich wieder seine Sinne, ist aber immer noch elend schwach und benommen. Es ist jedoch *ein großer Moment* , dem Zauber dieser todglasigen Augen entkommen zu sein, und er versucht Gott sei Dank, wieder auf die Beine zu kommen. Bei seinem Versuch aufzustehen stolpert er unbeholfen über einen kleinen dunklen Gegenstand auf dem Boden, dicht neben dem Bett. Als er seine Haltung wiedererlangt, erkennt er, dass es der grobe, schwere Schuh eines Sträflings ist. Er hebt ihn hoch und denkt daran, ihn neben den anderen unter dem Feldbett zu legen. Seine Hand ist schwach und kraftlos. Er entzieht sich seinem Griff und fällt klappernd zu Boden. Als er aufschlägt, hört er plötzlich das Klicken einer metallischen Substanz. Ein kleines glänzendes Gerät liegt zu seinen Füßen. Er hebt es auf. Es ist eine Miniatur-Stahlsäge und muss irgendwie in diesem Schuh des Toten versteckt gewesen sein. Als er *den Schuh und den Schuh* neugierig untersucht , entdeckt er (was ihm im schwachen Licht zunächst entgangen war) eine verschobene Innensohle, dünn, aber fest und gut sitzend. Als er sie auszieht, sieht er, dass der Schuh noch intakt ist und dass diese sauber angepasste Supersohle nur eine raffinierte Blende war, die das kostbare Gerät geschickt verbarg, das, wäre das Schicksal weniger unfreundlich gewesen, dem toten Gefangenen den lange unbetretenen Weg in die Freiheit eröffnet hätte.

Es liegt nicht in Robert Hendersons Natur, einen Kameraden zu belästigen, ob lebend oder tot. Er legt die Säge sorgfältig in ihr Versteck zurück, rückt die falsche Sohle zurecht und legt den Schuh mit einem Anflug jener

Ehrerbietung beiseite, die man instinktiv den Habseligkeiten der Toten gegenüber empfindet.

Noch immer schwach und zitternd, aber nicht mehr magnetisch von der Leiche angezogen, wankt er zum vergitterten Fenster, das offen gelassen wurde, um dem Kranken den Atem zu rauben. Er lässt sich auf den primitiven Schemel daneben fallen und lehnt seinen noch immer schwindelerregenden Kopf auf die Fensterbank. Ein wandernder Hauch der Sommernacht schleicht sich sanft hinein. Wie mild ist er, dieser zarte Nachtwind! Und er, ein abgekämpftes Geschöpf am Gitter eines Gefängnisses, könnte eine sanfte Dame an ihrem Gitter sein, so sanft streichelt er seine abgezehrte Wange!

Doch so freundlich es auch ist, es stellt seine gewohnte Kraft nicht ganz wieder her. Von Zeit zu Zeit bedrückt ihn eine tödliche Ohnmacht. Ein furchtbares Sinken von Herz und Gliedern, als ob Leben und Mut gleichzeitig entschwinden würden. Was, wenn das Ende tatsächlich gekommen wäre und er heute Nacht sterben würde, unbeaufsichtigt und allein; seine trüben Augen blicken zum letzten Mal auf die Erde, immer noch konfrontiert mit diesem abscheulichen toten Gesicht, das ihn sogar in der anderen Welt noch verfolgen könnte, wie es jahrelang ein *anderes* totes Gesicht getan hat!

Sein Herz schlägt kaum noch! Nun, es ist Zeit, dass er geht! Aber allein sterben! Wäre es nur Tageslicht, könnte er Hilfe rufen – könnte aus der Apotheke einen lindernden Trank oder ein beruhigendes Pulver bekommen, um den gefürchteten Stachel des Todes zu lindern.

Ein plötzlicher Gedanke schießt durch sein aufgewühltes Gehirn. Dort, direkt neben dem Bett des Toten, steht seine Medizin! Eine kleine Phiole, halb gefüllt mit dunkelbrauner Flüssigkeit; er las gedankenverloren das Etikett, während er neben dem Leidenden saß – „Hustenbonbons". Er nimmt all seine Kraft zusammen, taumelt durch den Raum, greift eifrig nach der Phiole und leert sie bis zur letzten Flüssigkeit. Dieses zusammengesetzte Heilmittel ist reichlich mit Morphium angereichert und darf, obwohl in mäßigen Dosen vollkommen unbedenklich, auf keinen Fall *ad libitum verabreicht werden* . Opium hat, wie wir wissen, eine doppelte Wirkung: Es verursacht unregelmäßige und erregte Gehirntätigkeiten sowie Koma. Dieser übermäßig großzügige Trank „Hustenbonbons" wirkt rasch Wunder in Hendersons empfindlichem, leicht erregbarem Organismus. Er ist bald wieder auf den Beinen und, wie er fröhlich zu sich selbst sagt, „so munter wie immer und beinahe genauso stark." Eine sinnliche Freude am Dasein durchströmt wieder sein träges Wesen; ein wildes, eifriges Verlangen, die lange zurückgehaltene Freude noch einmal zu genießen! „Heute Nacht sterben? Ach, nein! Wie *hätte* er sich so etwas Unwahrscheinliches vorstellen können? Er ist noch ein junger Mann, und das Leben liegt lang und angenehm vor ihm. Angeregt durch seinen belebenden Trank, drückt er sich eifrig ans Fenster, greift nach den hinderlichen Gitterstäben und reißt sie – in einem Anflug herkulischer Kraft aus alten Zeiten – mit aller Macht auf. Sie sind fest und stark. In der Luke sind sie weiter auseinander und anscheinend schlanker. Der Sommerwind schleicht sich köstlich hinein. Ach! Das sind nur Fingerhüte. Draußen könnte sich ein Mann jetzt satt essen. Die alte Sehnsucht nach dem Meer ist wieder heiß in ihm. Außerhalb dieser grausamen Gitterstäbe liegt es, breit und schön wie in alten Zeiten. Die ganze weite Welt ist da! Freiheit, Glück und vielleicht Gesundheit. Zumindest darf man außerhalb der Gefängnismauern sterben.

„Warum! Männer, die in unterirdischen Verliesen ersticken, haben sich wie grabende Maulwürfe langsam ihren Weg in die Freiheit ertastet, während er" – ein schneller Gedanke erhellt sein brodelndes Gehirn, schickt die Lebensflut schneller durch seine Pulse und elektrisiert sein ganzes Wesen! Die Säge! Die Säge des Toten! Da ist sie, sicher im Schuh, und nicht umsonst hat der Himmel sie ihm gnädig gezeigt! Immer noch voller Ehrfurcht vor den Besitztümern des Toten nimmt er den kostbaren Schuh in die Hand, nimmt das verborgene Werkzeug heraus und macht sich einen Augenblick später eifrig an die Arbeit. Er stellt geräuschlos einen kleinen Tisch unter die Luke, stellt aber fest, dass er sie immer noch außerhalb seiner Reichweite hat. Er stellt einen Hocker auf den Tisch, steigt darauf und sägt bald die Gitterstäbe über ihm weg. In dieser Öffnung, die eher zu hygienischen als zu Beleuchtungszwecken dient, sind die Gitterstäbe verhältnismäßig weit auseinander und viel schmaler als die Fenstergitter. Das Entfernen einer einzigen Stange ermöglicht seinem ausgemergelten Körper den Ausweg. Die Säge funktioniert gut. Seine Aufgabe ist bald erledigt – während der Tote (wie er sich aufgeregt vorstellt) die ganze Zeit wütend aus dem Bett starrt. Pfui! Wie stickig die Luft an diesem höllischen Ort ist! Eben noch war er hier festgebunden, eingesperrt mit einem schrecklichen Ding, das einen angrinst und anstarrt und bereits verwest! Jetzt ist es vorbei. In einem weiteren Augenblick wird er alles hinter sich gelassen haben, wird frei sein. Die grobe Decke einer leeren Pritsche ist bald in starke Streifen gerissen. Er verknotet sie geschickt wie ein Seemann, klemmt sich das improvisierte Seil unter den Arm, hält es fest, klettert auf das Dach, kriecht vorsichtig auf allen Vieren bis zum äußersten Ende und befestigt es fest am Ausguss.

Er klammert sich verzweifelt an sein schwaches Seil und lässt sich Hand über Hand bis zu dessen Ende hinab. Er ist immer noch sechs Meter über dem Boden.

Unter normalen geistigen Bedingungen hätte Henderson vielleicht Einwände gegen einen so kühnen Sturz erhoben; jetzt, kein bisschen entsetzt, lockert er seinen Halt und fällt, kaum verletzt, zu Boden. Er küsst in Ekstase den klammen Boden und blickt stumm zum Himmel auf. Es ist ein Gebet! Und er erhebt sich, zieht hastig seine schweren Schuhe aus (die er in der Eile und Aufregung der Abreise vergessen hat auszuziehen), lauscht aufmerksam auf die Schritte des patrouillierenden Nachtwächters und versichert sich, dass er in diesem Moment einen entfernten Abschnitt seines Reviers erkundet. Jetzt ist es an der Zeit! Er schleicht sich an die Mauer heran und sieht sich vorsichtig um; er wählt einen Platz in angenehmer Entfernung von einem Wachhäuschen, mit einem Stapel Altholz und einigen leeren Kalkfässern, die er glücklicherweise zur Hand hat, improvisiert ein primitives Gerüst, erklimmt es eifrig und klettert sicher nach oben.

Eine Uhr in der Nähe schlägt zwei. Die Nacht ist bewölkt. Kein Mond scheint, kein Stern ist zu sehen. Den Rest hat er leicht zu bewältigen, und weit hinter den Gefängnismauern ist es nicht mehr weit bis zum Ziel seiner Sehnsucht, dem Meer.

Sicher, wenn auch etwas erschüttert von seinem kühnen Sturz, findet er seine Beine wieder und kämpft sich entschlossen weiter. Er bewegt sich nur langsam. Durch langes Nichtgebrauchen ist seine Fortbewegung eingerostet; dennoch hält er sein Schneckentempo bei, schlängelt sich durch die verlassenen Straßen und findet sich bald auf der breiten Landstraße wieder. Er hat seinen Kniff gepackt und kämpft sich tapfer weiter. Die schuhlosen Füße, die bereits verletzt und blutend sind, schleppen sich mühsam über den rauen, harten Boden. Die Wolken brechen auf und hier und da funkelt ein freundlicher Stern auf seinem Weg.

Seine unechte Kraft – die durch Opium erzeugt und durch den neuen Wein der Freiheit vorübergehend aufrechterhalten wurde – schwindet.

Die Straße liegt noch lange vor ihm. Müde schleppt er sich weiter. Er stolpert oft und ist einmal sogar vor lauter Erschöpfung hingefallen. Schließlich verlässt er instinktiv die befahrene Straße. Noch ein mühsames Ziehen. Jetzt auf einem kaum ausgefahrenen Wagenweg, über offene, grasbewachsene Ebenen, und dann eine plötzliche Pause – ein Schauer ekstatischer Freude! Die salzige Meeresbrise weht in seinen gierigen Nasenlöchern! „O Gott! O gesegneter Gott! Es ist das Meer!" und seit achtzehn mühsamen Jahren hat er nicht ein einziges Mal „Salzwasser gerochen!" Er hört es in dem lieben alten monotonen Gesang singen; und einen Augenblick später ist es hier, ausgebreitet vor ihm, großartig wie immer und weit! Oh, *wie* weit!

Schwach taumelnd über den Sand bis zu seinem schaumgesäumten Rand sinkt er zitternd auf die Knie und klammert sich in Ekstase an das nasse Ufer. Seine angespannten Muskeln entspannen sich, und da er zu erschöpft ist, um aufzustehen, streckt er sich auf dem Strand aus. Sein Gehirn ist benebelt vom Morphium. Eine schläfrige Wonne balsamiert seine müden Sinne. Er blickt verträumt in den weiten Himmel (der schon vom nahenden Tag gerötet ist), und während er zärtlich sein halb vergessenes Gesicht erkundet, murmelt er schläfrig vor sich hin: „Was! Dieser *ganze Himmel*? Wie weit ist die Welt!" Er schließt für einen Moment die Augen, bedrückt von der Last der Unermesslichkeit! Seine Stimmung ändert sich plötzlich zu einer eifrigen, kindlichen Entzückens. Weit draußen auf dem Meer, durch die sanfte Blüte der roten Rose der Morgendämmerung, taucht die Sonne aus ihrem Flammenbad auf, eine riesige Feuerscheibe. Er stützt sich müde auf seinen Ellbogen und betrachtet ihr ungewohntes Gesicht mit neugierigem, halb erkennendem Blick. „Die Sonne? Ja, das *muss* die Sonne sein! Vor Ewigkeiten sah er sie aus dem Meer aufsteigen. Damals war jemand bei ihm. Wer war es? Sein Name war – wie *war* sein Name? Und wo *ist* er *jetzt*?"

„Tot, vielleicht. Alle sind tot – alle – Tom und der andere, der dort in dem vergitterten Pferch zurückgelassen wurde! Auch er stirbt vielleicht. Er ist schwach und müde und hat nach diesem langen Marsch so wenig Luft! Na ja! Er ist jetzt in der Nähe seiner Mutter, und wo sollte ein Mann sonst sterben? Er ist jedoch müde – hundemüde und muss sich eine Weile ausruhen, bevor er den Anker lichtet." Die Flut steigt. Ein Spritzer Salzwasser spritzt ihm auf die Wange. Die Sonne steigt tapfer aus dem Meer; und dort drüben kommt ein Schiff an. In verträumter Geistesabwesenheit beobachtet er es mit halb geschlossenen Augen. „Wie schläfrig er ist! Wie kam er hierher? Wohin geht er*?* Was für ein Wirrwarr! Egal, er wird jetzt schlafen; und nach und nach wird er aufwachen und sich zurechtfinden. Es ist alles in Ordnung – alles gut – er liegt in *ihren* Armen! Wie schön sie ist – die blauäugige Mutter! Und – pssst! horch! Sie singt ihn in den Schlaf!" Seine Gedanken schweifen ab. Er murmelt belanglos weiter: „Arme Mutter! Sie ist blass und erschöpft! Es wird sie betrüben, wenn ihr Junge ohne Gebet einschläft." Er versucht, sich auf die Knie zu erheben, aber es gelingt ihm nicht. Er fasst sich wieder, faltet seine großen Hände wie ein Kind auf seiner Brust und wiederholt deutlich und ehrfürchtig das alte, alte Gebet:

„Nun lege ich mich schlafen und
bete zum Herrn, dass er meine Seele behüte.
Sollte ich sterben, bevor ich aufwache, so
bete ich zum Herrn –"

„Gute Nacht, Mutter –" Er schläft tief und fest.

Henderson ist zufällig auf einen wenig besuchten Küstenstreifen gestoßen, und obwohl es inzwischen heller Tag ist, kommt niemand, nicht einmal seine Verfolger, die seine schuhlose Spur im groben, steifen Gras übersehen haben müssen.

Die Flut kommt immer noch. Er wacht nicht auf. Ab und zu bricht eine aufdringliche Welle über seinen Füßen. Bald kriecht eine bis zu seiner Taille, und sofort verpasst ihm das Meer einen breiten, rauen Schwall. Er stöhnt und fährt in seinem Traum zusammen. Noch eine Welle! Wie stark und wild ist sie – diese See – gehalten in Gottes sicherer Hand!

Endlich weckt es ihn. Er springt auf, ragt einen kurzen Moment hoch über die brodelnden Wellen hinaus und sendet über die blaue Fläche ein langes, lautes „Schiff ahoi!". Dann beschattet er seine Augen mit seiner dünnen Hand und blickt gespannt und erwartungsvoll – weit hinaus aufs Meer. Ein langsames Lächeln breitet sich wie die Morgendämmerung auf seinem Gesicht aus, und er wartet mit verschränkten Armen. Die Wellen kommen herangerollt, brechen sich vor seinen Füßen und durchnässen ihn unbarmherzig mit Schaum und Gischt. Er beachtet sie nicht. Mit angestrengtem Blick wartet er auf das ankommende, gespenstische Schiff. Noch ein Lächeln und ein glücklicheres! Und mit einem scharfen Freudenschrei winkt er mit seiner eifrigen Hand und sendet erneut ein jubelndes „Schiff ahoi!" über das Meer. Er geht ein oder zwei Schritte vorwärts – eine Welle kommt heran, riesig und hungrig; er schwankt, taumelt und fällt. Sie verschluckt ihn und eilt zurück. Und immer noch liegt das Meer breit und blau unter dem lächelnden Himmel. Die weiße Möwe streift mit rhythmischen Flügelschlägen ihre azurblaue Brust. Stolze Schiffe bringen fröhliche Abenteuer an Land; oder sie schrumpfen, wenn sie hinaus- und weitersegeln, zu kleinen Flecken und verschmelzen schließlich wie formlose Träume im fernen Blau. Und noch immer kriechen die sich kräuselnden Wellen mit langsamem Singen den Sand hinauf. Ohne *sie* „gibt es kein Meer mehr!"

DAS ENDE.

www.ingramcontent.com/pod-product-compliance
Lightning Source LLC
LaVergne TN
LVHW091556170726
843492LV00007B/2153